産前・産後の不調がみるみる整う

魔法のマタニティヨガ

B-LIFE

世界文化社

はじめまして、YouTubeチャンネル「B-life」のトモヤです。インストラクターである妻のマリコとともに、短時間でできるヨガやフィットネスの動画を紹介しています。

本書を手にしてくださる方のほとんどは、妊婦さんのはずです。僕たちがYouTubeをはじめたきっかけもまさに、マリコの第一子妊娠でした。

マリコはもともとプロのバレエダンサーで、ヨガやフィットネスのインストラクター経験も長い、ボディメイクのエキスパートです。

そんなマリコが第二子の妊娠を機に、産前産後のヨガとセルフケアを改めてまとめたのが本書です。ここで少しだけ、僕たちB-lifeについてお話しさせてください。

僕たち夫婦は、２０１６年４月にYouTubeチャンネル「B-life」を始めました。当時はなんと、二人とも無職でした。生まれたばかりの娘を抱えながら、無我夢中で動画を撮影し、YouTubeで配信していました。

無収入にもかかわらず続けていたのは、ある目的があったからです。

マリコは昔から体を動かすことが大好きで、妊娠前はヨガ、フィットネス、バレエのクラスを週に20本ほど受け持つ現役ばりばりのインストラクター生活を送っていました。それが妊娠出産を機に、一切できなくなってしまったのです。同じような理由で「運動したくてもできなくなってしまった方」に向けて、自分たちにできることはないだろうか。

そう思ったことが、YouTubeを始める出発点となりました。

配信動画は、次第に大きく広がっていきました。産前産後の方だけでなく、子育て中の主婦の方、仕事が忙しい方、女性に限らず心身に不調を抱える方などなど。僕たちの予想をはるかに超えた様々な境遇の方が、隙間時間にB-lifeのヨガをするようになったのです。

B-life設立当初から一貫しているのは「あなたの日常を美しくハッピーに」というポリシーです。YouTubeで動画を見ながらヨガをして、視聴者さんの健康に少しでも貢献し、毎日が幸せであってほしい。5年経った今でも、僕たちのその思いは変わりません。

コロナ禍では、今まで当たり前だったことができなくなりました。マスク着用、3密を避けた行動が浸透し、人と直接会って話すことが難しくなり、人々の距離がどんどん離れていったのです。

※ Connect

「Connect」のプログラムを含む「マタニティヨガ」再生リストはこちらから！
妊婦さんでもできる内容がたくさん入っています。

僕たちが毎月行っていたヨガのワークショップやイベントもできなくなりました。今まで普通だった「人との交流」がなくなり、家庭が唯一のコミュニケーションの場となりました。

そんな状況でできることは何だろうと考え、YouTubeでのＬＩＶＥ配信を始めました。それは毎回５０００人もの視聴者さんと同じ時間にヨガをするという、新しい体験でした。世界中からの心温まるメッセージやコメントを見ながらヨガをしていると、部屋にいるのはマリコと僕の２人なのに、あたかも５０００人が同じ空間でヨガをしているような感覚になります。目に見えなくても感じるそのつながりのおかげで、僕たち二人は不思議な満足感と幸せを感じられました。

このポジティブな経験を元に生まれたのが、ヨガプログラム「Connect」※です。文字通り「つながり」や「絆」がコンセプトで、「コロナ禍で離れ離れになってしまった人と人との絆」そして「自分の心と体を再び結びつける」意味があります。そしてヨガが本来もつこの効果は、外出ができず不安定になりがちなマタニティ中にこそ、特に必要となるはずです。

マリコには、将来の目標がありません。「将来何がしたいの？」と尋ねても、いつでも「特に何もない」という答えが返ってきます。将来を追いかけるのではなく、

「今、何をしたいか」「今どう生きることが、自分にとって大切か」を常に考えて行動しているからです。

ですが、今回の第二子妊娠中に同じ質問をしたところ、彼女は真っ先に「マタニティヨガの本を作る」と言いました。遠い将来がどうなるかわからないけれど、自分が妊婦である今しかできないこと、多くの妊婦さんに自分が培った経験や知識をシェアしたい、その想いに溢れていました。いつもは自分からやりたいことを言わない彼女が、今回だけは違ったのです。

2021年3月11日、僕たちは第二子を授かりました。予定日ではなかったこの日に生まれたことに、何か「運命」や「つながり」を感じざるを得ませんでした。コロナ禍での出産は特別なものです。立ち会いや面会が許されないケースも多く、僕たちも出産の立ち会いができませんでした。入院中は一切会うことが許されず、マリコは病院で一人で出産しました。とても心細かったはずです。

こうした状況下でも、ヨガで自分の内面と向き合い、赤ちゃんや家族とのつながりを感じることができたそうです。

「たいせつなことは、目に見えない」

『星の王子さま』で著者のサン＝テグジュペリが書いていたことが、現代のコロナ禍で蘇ってきました。ビフォーコロナでは当たり前だった人と人とのつながり。コロナ禍での不幸中の幸いは、「大切なもの」を再認識できたことです。

この本で紹介するヨガやセルフケアが、皆さんを安産に導くだけでなく、ご自身の心と体のつながり、赤ちゃんとの絆、そして周りにいる家族や多くの支えてくれる方々との結びつきを再認識するきっかけになれば幸いです。

素敵なマタニティライフが過ごせますように。

TOMOYA

産前・産後の不調がみるみる整う　魔法のマタニティヨガ ｜ CONTENTS

本書の内容

本書では、B-lifeインストラクターMARIKOが第二子妊娠中に考案した
6つのマタニティヨガ、セルフケア、子育てや
パートナーシップのコツについて紹介します。
自分や赤ちゃん、家族で無理なく心地よく過ごす方法を見つけていきましょう。

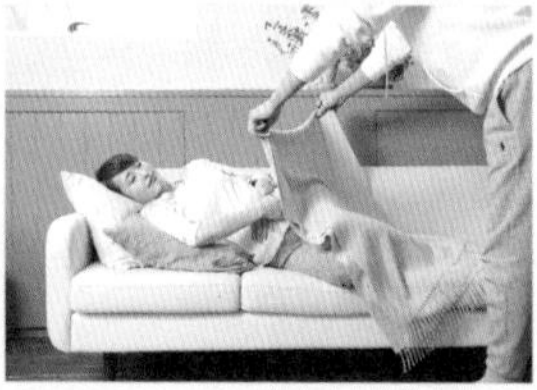

1　産前・産後のセルフケアのコツ

さまざまな変化が現れる産前産後の悩みを解消する方法を紹介。巻末では、MARIKOの夫でB-life経営担当TOMOYAと考える、在宅時代のパートナーシップについても公開。

2　5つの目的別マタニティヨガ

ウォームアップヨガ、カラダをいたわるヨガ、ココロをいたわるヨガ、安産のための体力アップヨガ、産後のヨガという5つのプログラムを紹介。ウォームアップは産褥体操（104ページ）としても最適。すべて、QRコードから動画へ。

3　パートナーとするマタニティヨガ

二人で考えた、妊娠中にできるパートナーヨガを提案。また、妊娠中はマッサージ店を利用できない妊婦さんのために、パートナーにしてもらうマッサージ法も紹介（128ページ）。

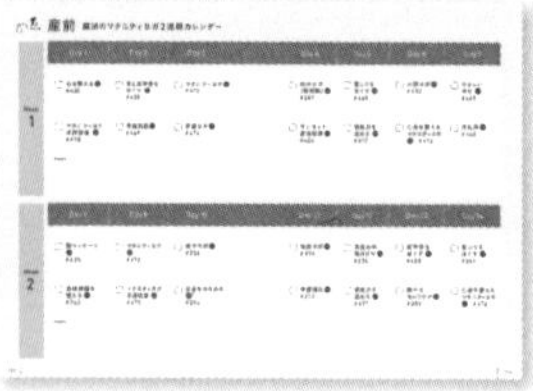

4　2通りの2週間プログラム

マタニティヨガを無理なく習慣化できる産前・産後のカレンダープログラム。印刷して壁に貼ったり、書き込んで使える。詳細は135ページへ。

事前の準備・注意事項

1　ヨガマット

床や畳の上ですると、背中や腰が痛くなることがある。より安全に、正しく行うためにヨガマットを使用するのがお勧め。バスタオルをマットの代わりにするのは、滑るから避けて。

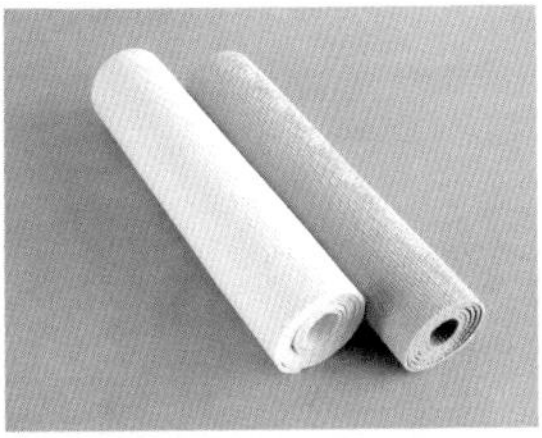

2　ブロックや クッション、タオル

体を前や横に傾けるとき、お腹が邪魔して手の置き場所が定まらないときはヨガブロックを使うのがおすすめ（B-lifeのWebサイトでも取り扱っています）。トイレットペーパーでの代用もOK。芯が入っていて意外と丈夫。骨盤を立てるポーズや横向き寝のポーズでは、クッションやタオルがあるといい。

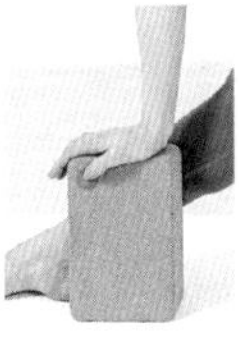

3　服　装

お腹を締め付けなくて、動きやすければ、どんな服装でもOK。伸縮性のあるものが理想。ジーンズなど、伸縮性のないものは避ける。靴下は、履いていると滑ったり力が入りにくい場合は、脱いで行う。

4　心地よくできる場所

暑すぎない、寒すぎない、直射日光が当たらない、騒音が少ないなど、集中しやすい場所を選ぶ。不快に感じることは集中の妨げになるので、極力なくす。

5　食事の直後は避ける

胃に食べ物があると、消化にエネルギーが使われる分、ヨガのためのエネルギーが減り、効果が得にくいと言われる。食後は1時間以上あけること。または食前に行う。

6　その他の注意事項

・医師から、早産の恐れがあるなどの理由で運動を禁止されている人は行わない。
・つわりやお腹の張りが続いているとき、出血があるときも行わない。
・腰痛、股関節痛、恥骨痛、仙腸関節痛などがひどいときも行わない。
・上記以外で、自分で判断できない場合は医師に相談のうえ行う。

Chapter 0

赤ちゃんとの一体感を感じよう

マタニティヨガ5つのメリット

1 不調の緩和と予防

2 運動不足の解消、体力と柔軟性の向上

3 呼吸が上手になる

4 骨盤を整えて「骨盤力」がアップ

5 心の安らぎを得る

今こそ自分時間を大切に

5つのメリット

ヨガの大きな魅力は、心身を整えながら「今」にフォーカスして、自分自身と向き合えることです。マタニティヨガの場合は、へその緒でつながったお腹の中の赤ちゃんと一体感を感じられることも、大きな魅力のひとつです。赤ちゃんとの一体感は妊婦さんにしか得られないもので、生命の神秘を体感できる至福の時間。ぜひ、赤ちゃんとの特別なコミュニケーションを深めてください。

2015年9月に一人目の娘を、2021年3月に二人目の息子の出産経験を経て感じたことがあります。

妊娠すると、食事や運動などにさまざまな制限が出てきますよね。すべてを赤ちゃん最優先で考えるようになるのが普通ですが、考えすぎるのもどうかなということです。いつのまにか自分の心地よさや幸せを忘れていた、ということになりかねないからです。

子育てが始まると、さらに自分のことをないがしろにしてしまいます。でも、ママになるからといって、自分のすべてを犠牲にする必要はないのですよね。自分の体と心が元気な状態でなければ、赤ちゃんも元気でいられません。

だから産前から産後まで、自分と向き合うマタニティヨガの時間を大切にしてほしいと思っています。産後太りの予防にも効果的ですし、メリットはほかにもたくさんあります。

今回、改めてマタニティヨガについて学び直して、そのメリットの大きさを再確認しました。代表的なものを5つ紹介します。

1 不調の緩和と予防

妊娠中は、体の急激な変化に筋肉や骨格が対応しきれず、さまざまなコリや痛みが生じます。もともと肩コリや腰痛、むくみが慢性化している人は悪化し、背中が張ったり足が攣《つ》ったりするでしょう。また、ホルモン分泌の変化によっ

様々な変化や不調

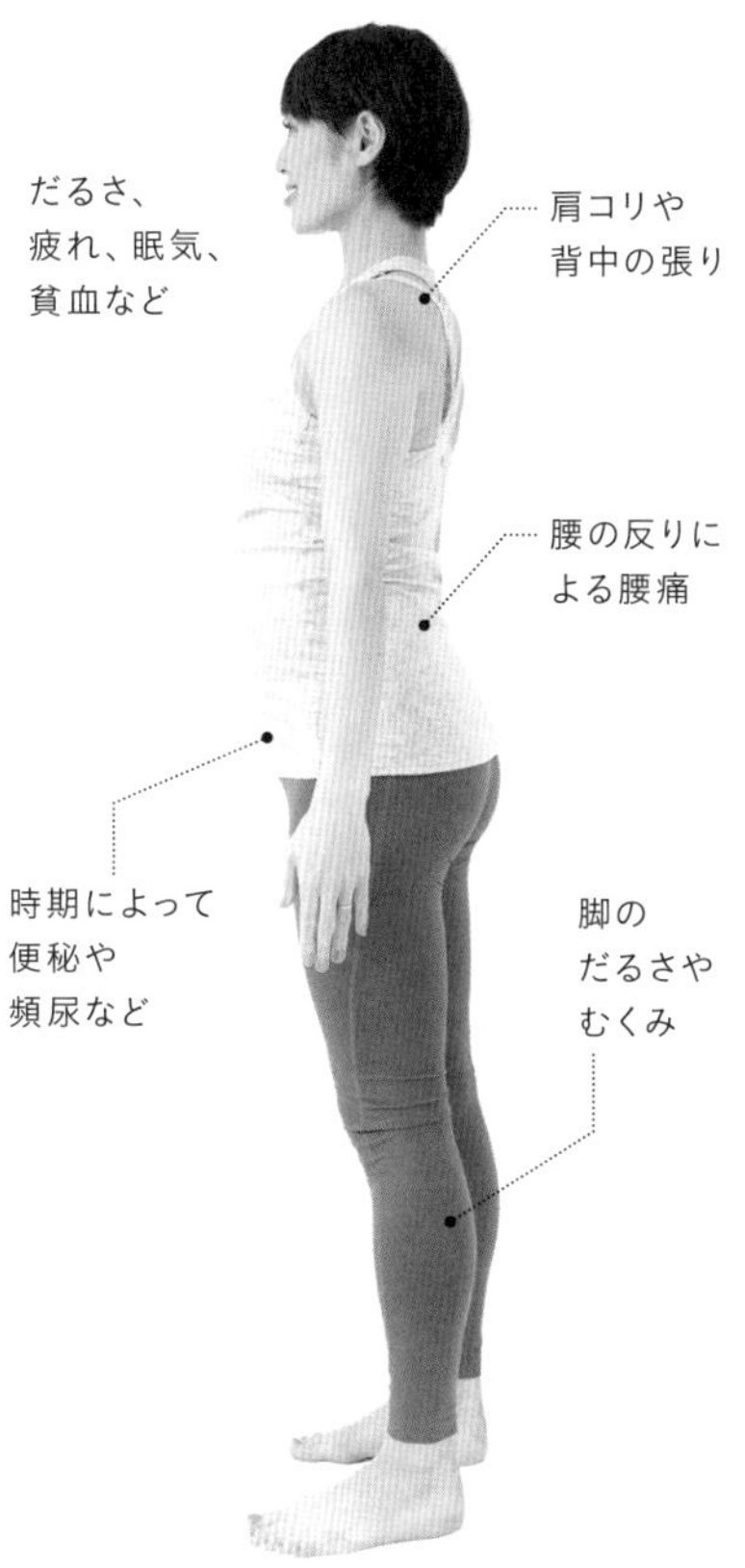

だるさ、
疲れ、眠気、
貧血など
肩コリや
背中の張り
腰の反りに
よる腰痛
時期によって
便秘や
頻尿など
脚の
だるさや
むくみ

赤ちゃんが体の中にいる「今の自分」と向き合おう

て体調が崩れやすく、疲れやすさや便秘などにも悩まされます。マタニティヨガはそうした不調を緩和しながら、新たな不調の出現と不調の悪化を予防します。

誰だって、これまでに経験したことがない不調に襲われたら、気持ちも滅入るものです。特に初めての妊娠の場合、「こんなに大変なの⁉」とショックが大きくて、自分をコントロールしにくくなるかもしれません。そんな不安定な気持ちを落ち着かせ、モヤモヤや不安をリセットする効果もあります。

2

運動不足の解消、体力と柔軟性の向上

妊娠中は、全力で走る・高く跳ぶなどの激しい運動は一般的に禁止です。重い荷物の持ち運びもできるだけ避けるように指導されます。

つわりがひどいと、何かしたくても、一日中寝たきりなんて日もありますよね。不安定な心身による行動の制限から、「万が一のことがあったら大変だから、とにかく安静第一で過ごそう」と考えたくなるもの。しかし、妊娠は病気ではありません。絶対安静を余儀なくされた場合を除き、通常の妊娠状態であれば、適度な運動はむしろ効果的です。ただでさえ行動が制限されて運動不足になりやすいため、血流やリンパの流れが滞って、コリやむくみなどの不調

が悪化してしまうことも。体力も筋力も落ちる一方で、出産を乗り切る体力が不足しかねません。だから安定期といわれる妊娠中期（妊娠5カ月／16週）以降は、できる範囲で体を動かしたほうがいいと指導されます。

※医師に相談の上、自分の体調に合わせて行いましょう

妊婦さんにとっての体づくりのポイントは2つ。

① 運動不足の解消

② 筋肉と関節の柔軟性をつける

体の柔軟性が低下すると、お腹の重みで腰や背中を痛めやすくなります。また、お産のときには脚を開いた体勢で長時間いるため、股関節の柔軟性が必要になります。すぐに赤ちゃんが出てきてくれればいいですが、そうとは限りません。経産婦でも「すぐに産まれた」という人はまれでしょう。

子宮口が全開になって赤ちゃんが下りてくるまで、初産婦の場合、平均2時間～3時間、経産婦の場合でも、平均1時間～1時間半かかると言われます。この数時間の開脚状態を少しでも楽でいられるよう、股関節の柔軟性をつけておきたいのです。マタニティヨガでは、ほどよい負荷で筋力をつけながら、柔軟性も同時にアップします。さらに、筋肉や関節が柔軟になれば、その中を走る血流やリンパの流れもよくなり、代謝アップにもつながります。

3

呼吸が上手になる

妊娠により体調が不安定になると、ストレスや不安を感じやすくなり、精神の不安定さから呼吸も浅くなってしまいます。重いつわりも、呼吸が浅くなる原因となります。妊娠後期の大きなお腹は、横隔膜や肺を圧迫し、息苦しさを覚えるほど呼吸が浅くなります。

解消法は深い呼吸をすることですが、意識しないとできないものです。だからこそ、ヨガを習慣に取り入れ、深い呼吸を身につけるのがおすすめです。

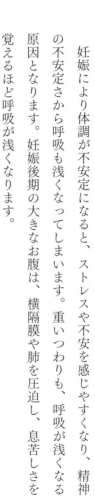

深い呼吸のメリットはたくさんあります。

・自律神経が整いリラックスできる／脳に酸素がいきわたって自律神経の「副交感神経」が優位になり、心身をリラックスした状態に導きます。
・おなかの赤ちゃんに栄養が届きやすくなる／酸素には、体内で栄養を運搬する役割があるため、深い呼吸でお腹の赤ちゃんに栄養が届きやすくなります。
・自然分娩時の呼吸がスムーズになる／医師や助産師さんの「今吸って」「ゆっくり吐いて」という指示にも従いやすくなります。

私自身の2回のお産で実感したのが、まさにこの出産時の呼吸でのメリットです。陣痛は痛かったのですが、ヨガを通じて深い呼吸が身についているおかげで、医師の呼吸の指示を難なく実践できました。一人目のときには、担当医の先生から「あまりに呼吸が上手で、5人ぐらい産んだベテラン妊婦かと思いました」と褒められたほどでした（笑）。

特に重要なのは「吐く」ほうです。痛みや不安を感じていると「吸う」ばかりになって、吐く呼吸が短くなってしまいます。しっかり吐くことで深い呼吸が促される→副交感神経が優位になり、リラックスできる→陣痛が促進されてお産が進みやすくなる、といい流れを作ることができます。

逆に、呼吸が浅いと交感神経が優位で興奮状態が続き、陣痛が促進されないそうです。初産婦はもちろん、経産婦でも陣痛が始まると痛みからパニック状態に陥りやすく、「この痛みから早く解放されたい！」と願うもの。早く解放されるためには、「しっかり吐く」を忘れないことが重要です。

4

骨盤を整えて「骨盤力」がアップ

妊娠・出産で、体の中でもっとも大きく変化するのが骨盤です。妊娠するとリラキシンというホルモンが分泌されて、骨盤の関節やじん帯、骨盤底筋が緩み、産道が「開いた状態」になっていきます。実際に、予定日が近づくにつれて、骨盤がジワジワと広がるのがわかり、女体の神秘性を痛感します。

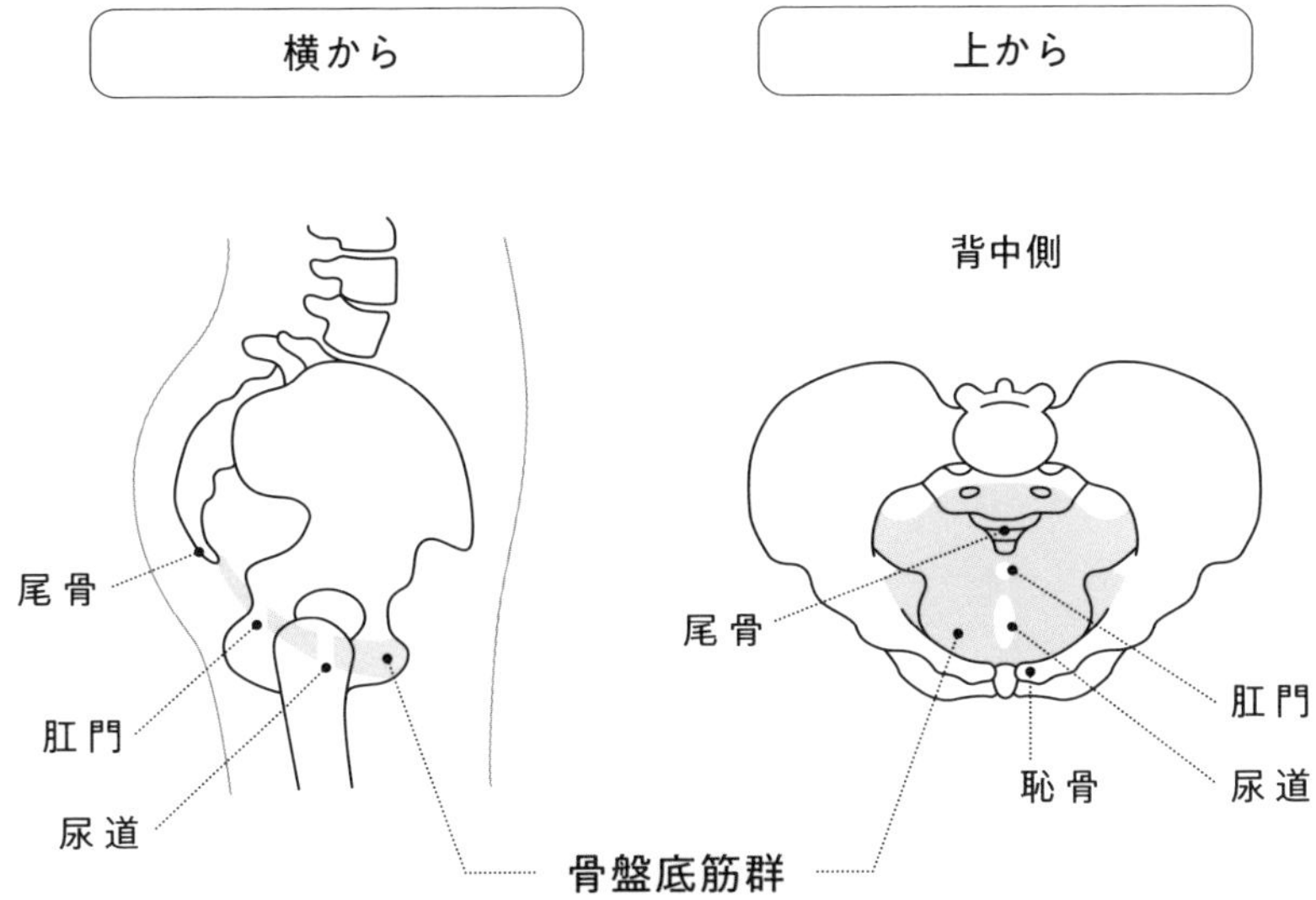
横から
上から
背中側
尾骨
肛門
尿道
尾骨
肛門
恥骨
尿道
骨盤底筋群

しかし、そのダメージは想像以上に大きいため、妊娠中からの骨盤ケアが欠かせません。産前は骨盤が開き、産後は元の「閉じた状態」に。その開閉をスムーズにするために大切なのが、「骨盤まわりの筋力をつけて柔軟に保つ」ことです。

「出産に向けて緩むなら、鍛えるのは産後からがいいのでは？」と考えられそうですが、それは間違いです。「緩めたいときには緩める、締めたいときには締める」には、筋力が欠かせません。骨盤力をつけるとは、その筋力を鍛えることです。具体的に鍛えたいのが、骨盤底筋群です。

骨盤底筋群は骨盤の底にある筋肉の総称で、下腹部の下の恥骨から、肛門の後ろにある尾骨までをハンモック状に覆っています。目で見て確認することができないため、どうやって力を

入ればいいのか感覚を掴みにくく、鍛えづらい筋肉でもあります。ただ、呼吸と連動して動く特性があるので、呼吸に合わせて動くヨガだと、自然に鍛えることができるのです。

5 心の安らぎを得る

ヨガをしながら自分と向き合う時間は、気持ちが落ち着き、心の安定につながります。マタニティヨガの講座で「ママの感情はお腹の中の赤ちゃんに伝わる」と教わりました。つまり、自分が穏やかで健やかな状態でいると、赤ちゃんも同じ状態でお腹の中で過ごせる、ということ。

コロナ禍の今は、親や友達と会うことさえままならず、お見舞いや出産時の付き添い禁止など、心細い局面が増えると、ストレスにつながってしまいます。

わけもなく気持ちが落ち着かないときには、ぜひヨガをしてみてください。目を閉じて呼吸に意識を向けるだけで、全身が安らぎに包まれるはずです。

全身が安らぎに包まれて
穏やかな時間に変わる

適切な時期は？

	妊娠初期				中期			後期			
月数	1カ月	2カ月	3カ月	4カ月	5カ月	6カ月	7カ月	8カ月	9カ月	10カ月	
週数	0~3	4~7	8~11	12~15	16~19	20~23	24~27	28~31	32~35	36~39	40

→ 中期以降が運動再開におすすめ

妊娠中の運動は、安定期と言われる中期（5カ月／16週）以降であれば行っていいと言われています。マタニティヨガも基本的には安定期以降がおすすめです。「もともとヨガを習慣にしている人なら、妊娠初期からしていい」と言う医師もいます。私も二人目の時は、妊娠初期から行っていました。終わりのリミットは特になく、体調に問題がなければ出産直前までできます。

適度な運動は気分転換や太りすぎの予防効果があり、多くの医師がすすめています。厚生労働省の研究班が監修する「女性の健康推進室ヘルスケアラボ」というサイトでも推奨されていて「運動と流産は直接の関係はなく、早産のリスクを高めることはありません」と明記されています。

妊娠も出産も、その後の育児も体力勝負。妊娠中からできる範囲で体力づくりに努めたほうがいいと個人的にも思います。初期の間に低下した体力と筋力は、安定期以降の運動だけで完全に取り戻せるわけではありません。低下した状態を維持して、さらなる低下を防ぐことしかできません。後期も運動してOKですが、大きなお腹では動くのが億劫になり、お尻や腰などに痛みが出たら運動どころではなく、安静に過ごすしかなくなります。だからこそ、安定期でのこまめな運動を心がけてみてください。そうしないと妊娠中の十月十日（280日間）がまるまる動かない期間になってしまいます。

避ける動きは？

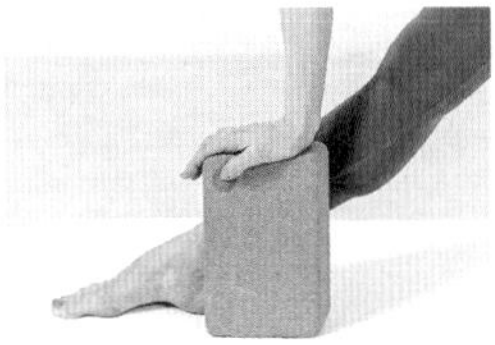

ヨガブロックがあると安定感がアップ。なければトイレットペーパー（芯があるもの）でも代用可能

妊娠中に避けるべき運動は、次のとおりです。

・うつ伏せで、床にお腹をつけて行う動き
・腹筋運動のように、お腹を収縮して反復する動き
・ウエストをねじって、子宮を圧迫する動き
・ブリッジなどの深い後屈
・転倒の恐れがある、片足立ちやつま先立ちのバランス系

今回紹介するどのプログラムにも、片足立ちでのバランスポーズは入っていませんが、ヨガ未経験なら体力アップヨガの「ウォーリア1」や「三角のポーズ」（94〜97ページ）で腕を上げるとき、バランスが崩れやすいので注意してください。ウォーリア1では腕を片方ずつ上げ、三角のポーズではブロックを使用し、体勢を安定させて行いましょう。

ヨガの最中にお腹の張りや痛みなどの異変を感じたら、すぐに中断して安静にしてください。やり始めに問題がなくても、途中で「いつもとなんか違うな」と感じた場合も、中断しましょう。気分がすぐれず動く気分になれないときは、お休みしてください。無理は禁物です。

ヨガの経験の有無にかかわらず、妊婦さんの体調もお腹の赤ちゃんの状態も人それぞれです。自分で判断できないことがあったら、必ず医師に相談しましょう。

呼吸法とウォームアップ

◀動画はここから！

【ウォームアップ】
妊婦さん・ヨガ初心者・身体が硬い方におすすめ
＃473／14分

ウォームアップヨガでは、2つの呼吸法と5つのストレッチ、妊婦のための太陽礼拝を紹介します。ストレッチは妊娠初期や、産後6週間〜8週間の産褥《さんじょく》期間に行うのもおすすめです。日常動作の延長のような簡単な動きですが、しっかりとコリや張りをほぐせ、体も心もリフレッシュできます。

　呼吸法では、まずヨガの基本の呼吸となる「完全呼吸」をおさらいしましょう。鼻から吸って鼻から吐きます。胸とお腹に手を当てて行うと、自分自身と赤ちゃんの両方を意識しやすくなります。もう一つの「浄化の呼吸」は、鼻から吸って、口からフーッと音を出して吐きます。自分の呼吸の音を聞くことで「つらい」「痛い」「怖い」などのネガティブな感覚や感情から意識を逸らせます。つわりがひどいときや漠然とした不安に襲われたとき、または陣痛の痛み逃しに役立ちます。

　ストレッチは、体に「これからヨガをしますよ」という合図を送るのが狙いです。こりやすい首や肩を伸ばしてから、足指と足首をほぐしていきます。お腹が大きくなるにつれて、重心が傾き姿勢が崩れやすくなります。その予防として、体の土台である足指の感覚を目覚めさせ、足首を柔軟に保つことが重要なのです。

　呼吸法とストレッチをすると血流やリンパの流れがよくなって、体が軽くなります。この2つで終わりにしてもOKですが、マタニティ太陽礼拝をするとさらにめぐりと代謝がアップします。余裕があるときは続けて行ってみてください。

赤ちゃんとのつながりを感じて

完全呼吸

・ヨガの効果をアップ
・自律神経を整える
・コンディションの把握
・リラックス効果

あぐらをかいて背すじを伸ばし、手のひらを胸とお腹に当てて目を閉じる。鼻から息を吸いながらお腹と胸を膨らませて、鼻から吐きながら元の状態に戻す。

今の自分を把握する

浄化の呼吸

・つわりや痛みの緩和
・自律神経を整える
・陣痛の痛み逃しにも
・ストレス解消

あぐらをかいて背すじを伸ばし、両手をももの上に置いて目を閉じる。鼻から息を大きく吸い、口からフーッと吐く。

体がじわじわ目覚める

首のストレッチ

・首や肩のコリを解消
・体を目覚めさせる
・頭痛の改善・予防
・眼精疲労の緩和

START

1 あぐらをかいて背すじを伸ばし、右手を腰の後ろに回す。左手を右の側頭部に当てて、息を吐きながら頭を左に倒し、首の右側を伸ばす。3〜5呼吸キープする。

2 左手の位置を少し後ろにずらし、吐きながら顔を斜め左下に向けて首の後ろ側を伸ばす。3～5呼吸キープしたら、反対側も同様に行う。

血めぐり呼吸が深まる

やさしいツイスト

・上半身の血行促進
・呼吸機能を高める
・肩、首、腰のコリを解消
・内臓機能を高める

START

1　あぐらをかいて背すじを伸ばし、息を吸いながら両腕を天井のほうにまっすぐ伸ばす。

2

吐きながら、腕を下ろして胸を左にねじり、顔も左に向ける。左手は後ろにつき、右手は左もも上に置く。決してお腹をねじらないこと。3～5呼吸キープしたら、反対側も同様に行う。

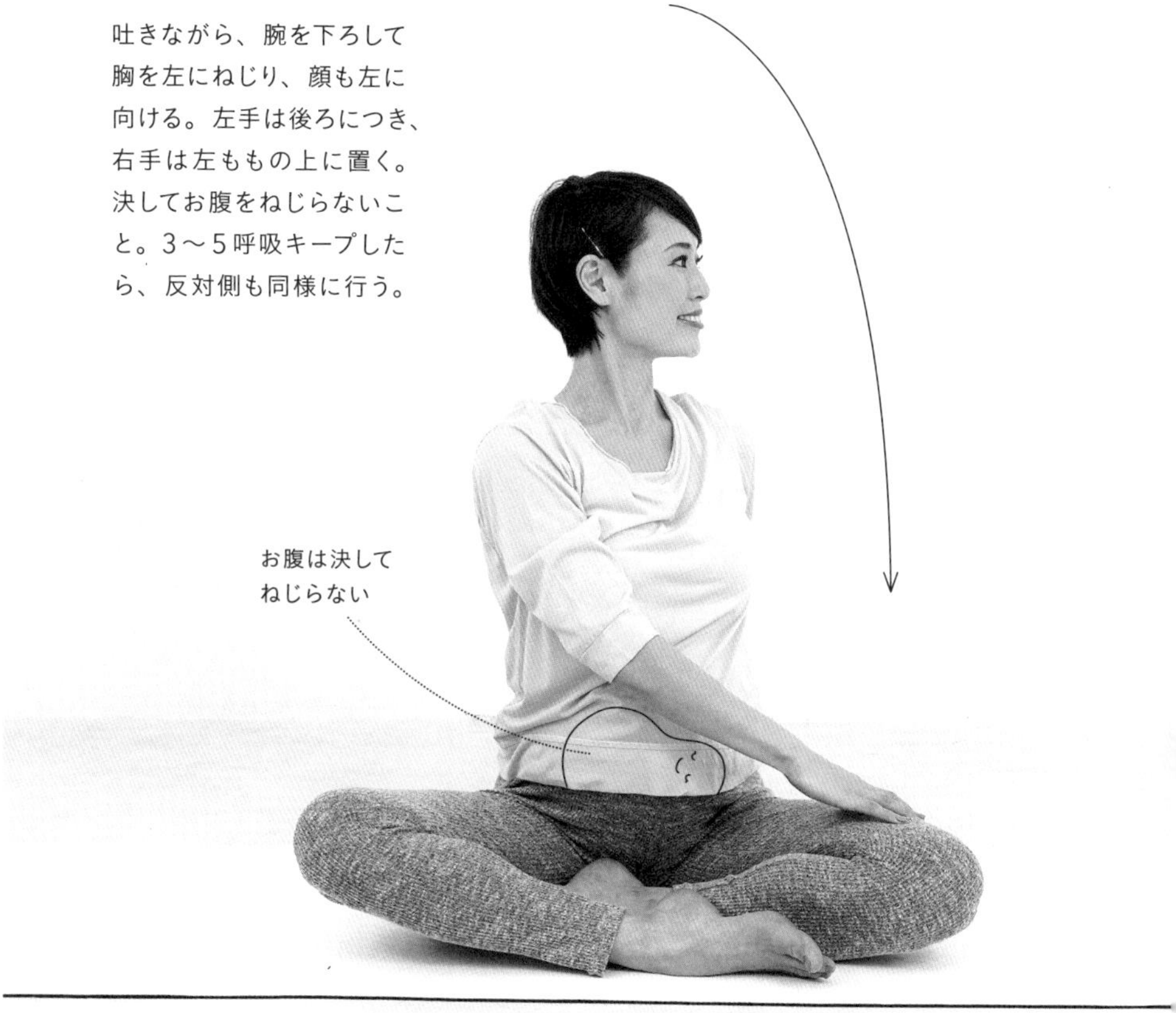

一気にリフレッシュ

体側（たいそく）伸ばしからの肩回し

・上半身の血行促進
・肩や首のコリを解消
・呼吸機能アップ
・リフレッシュ効果

START

1　あぐらをかいて息を吸いながら右手を上に伸ばし、吐きながら左へ傾け、右の体側を伸ばす。目線は天井のほうに向けて、3〜5呼吸キープする。

2　吐きながら右腕を後ろに下ろし、吸いながら前に回す。右肩の付け根から3〜5回大きく回したら、反対側も同様に行う。

末端の刺激が全身に効く

足指ほぐし

・足の冷えやむくみの解消
・全身の歪みや外反母趾の予防
・疲労回復
・バランス力の向上

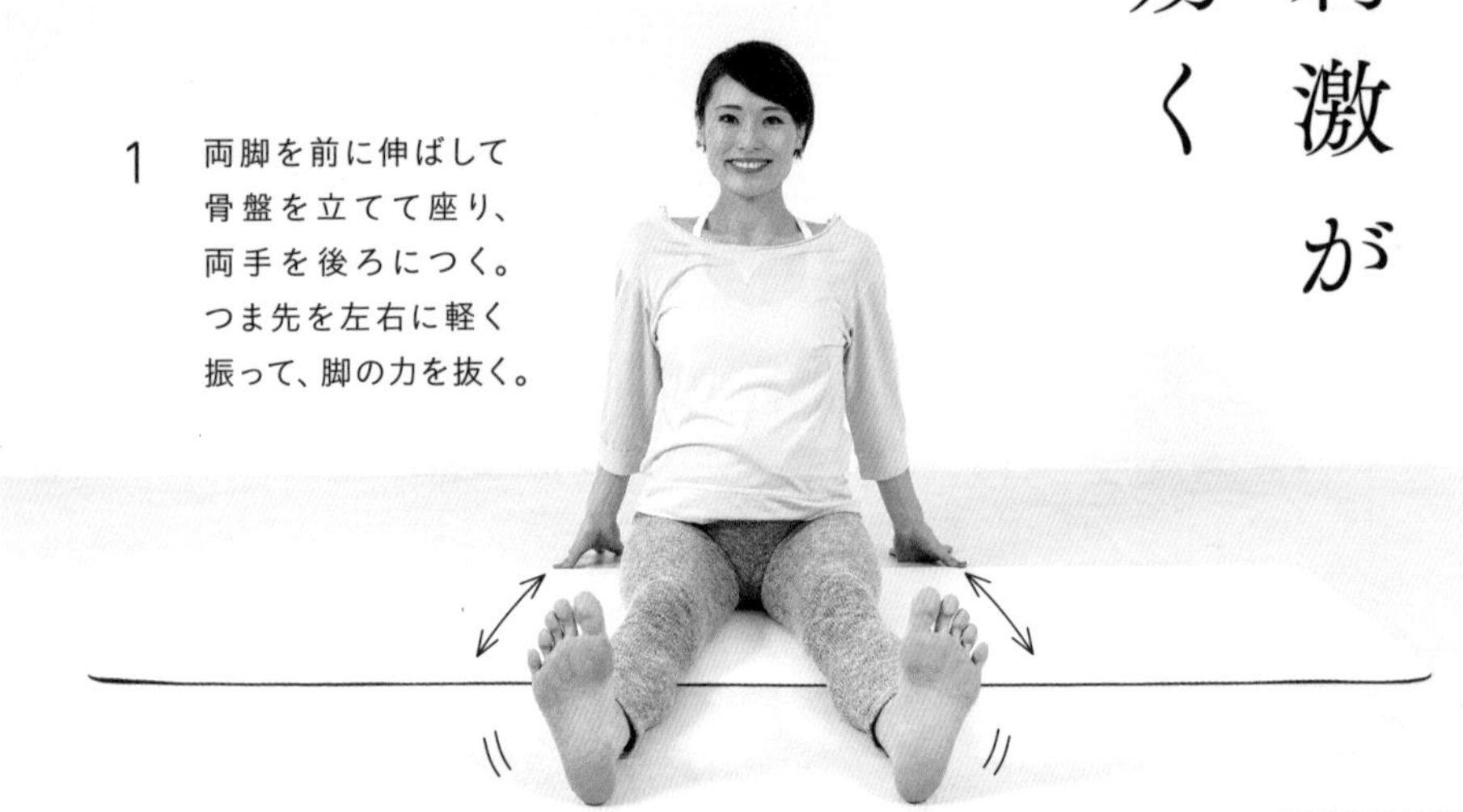

1　両脚を前に伸ばして骨盤を立てて座り、両手を後ろにつく。つま先を左右に軽く振って、脚の力を抜く。

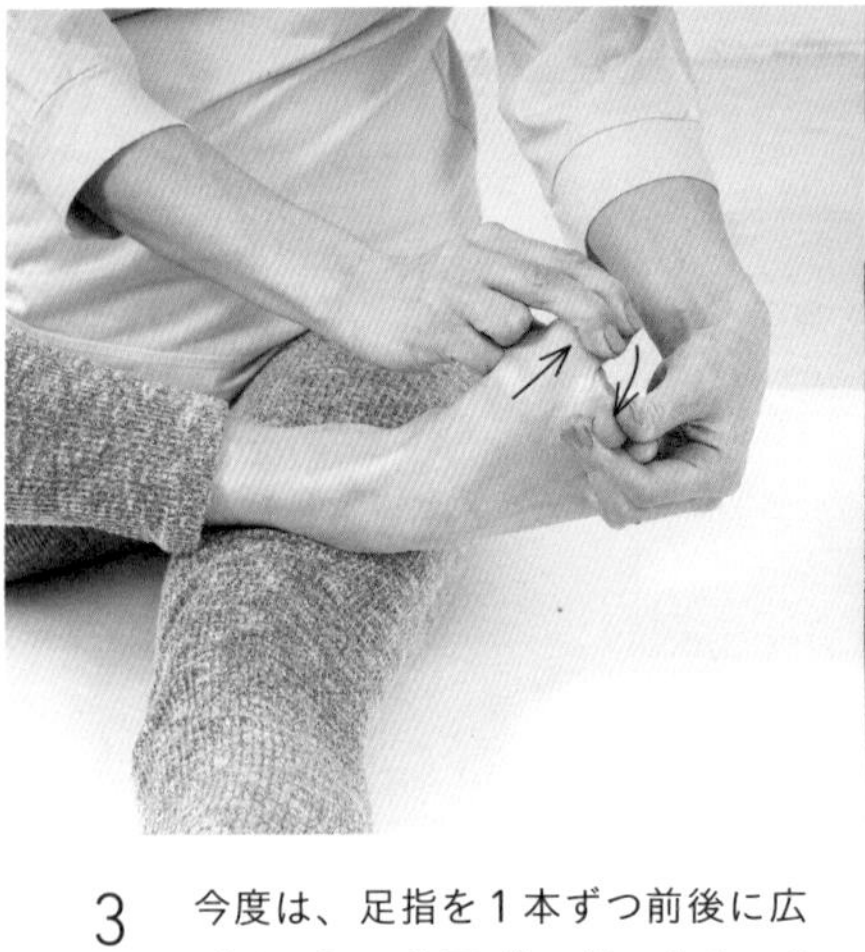

2　右足を左ももの上に乗せて、両手で足指を1本ずつ左右に広げる。

3　今度は、足指を1本ずつ前後に広げる。3～5回ずつ行ったら、2に戻って反対側も同様に行う。

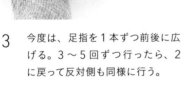

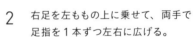

足から全身を整える

足首回し／手足のグーパー

・足の冷えやむくみの解消
・姿勢改善
・代謝アップ、デトックス効果

START

1 両脚を前に伸ばして、骨盤を立てて座る。両手を横につく。つま先で円を描くようにして足首を回す。外回し、内回しともに3～5回ずつ行う。

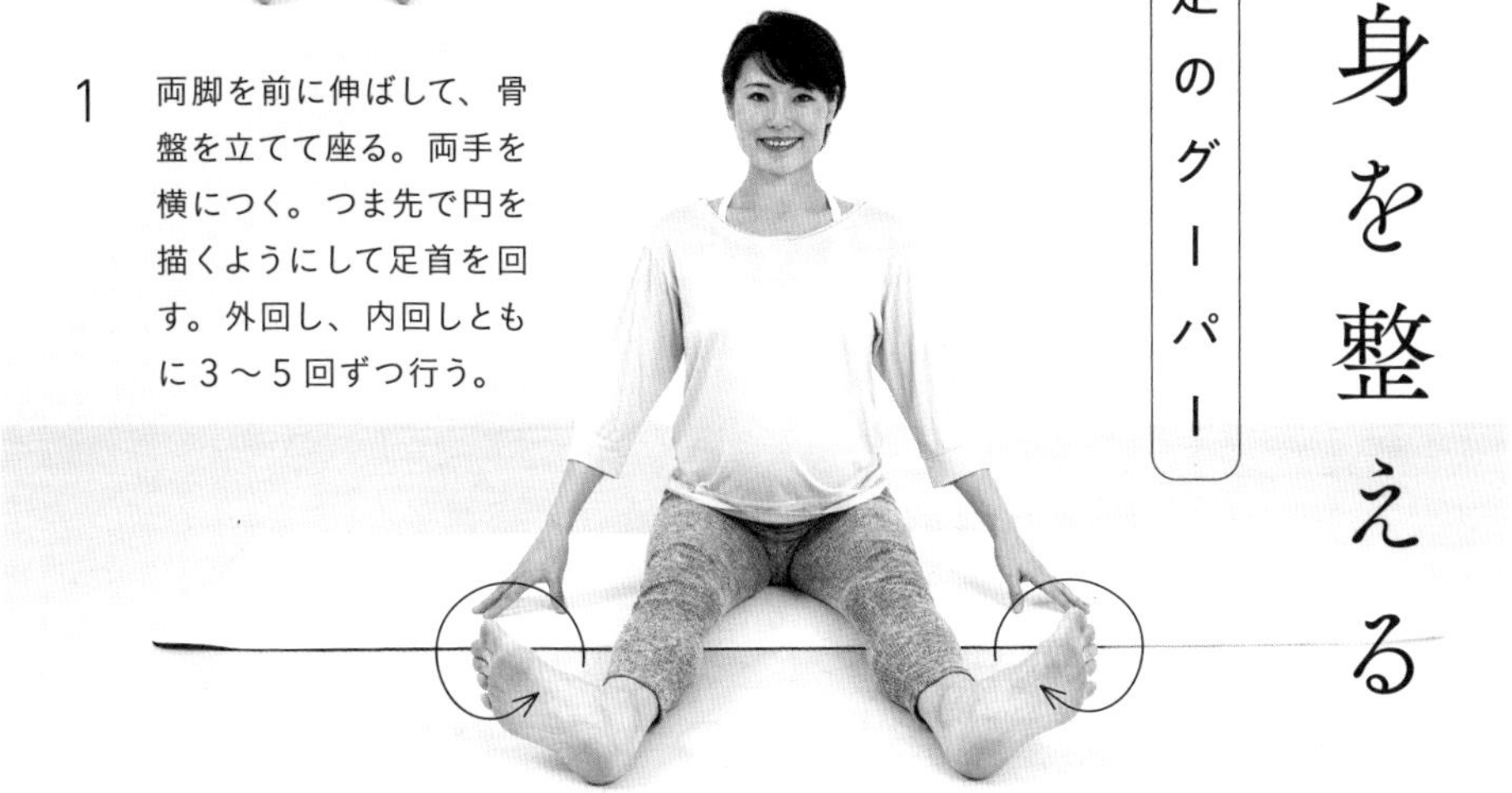

2 両腕と両脚を前に伸ばし、手と足の指を同時にグーの形に丸めて、パーの形に開く。これを3～5回繰り返す。

全身がほぐれ 心もすっきり

マタニティ太陽礼拝

① 合掌

両足を腰幅に開いて立ち、胸の前で合掌する。吸いながら、手を横から上げて頭上で合掌する。合掌したまま胸の前に下ろす

② 両手を上げるポーズ

息を吸いながら、合掌した手をまっすぐ上げて、目線も上げる。吐きながら、手を横に下ろして体側につける

③ 花輪のポーズ

足を腰幅ぐらいに開いて、つま先を外に向ける。吐きながら、お尻をゆっくり下ろす。合掌して背筋を伸ばして3呼吸キープする

④ キャット＆カウ

四つ這いになって、つま先を立てる。吸いながら、胸を前に押し出すように広げて、目線を斜め上に上げる。吐きながら、背中を丸めて、目線をお腹のほうに向ける。これを2回繰り返す

⑤ ダウンドッグ

お尻を斜め後ろに突き上げて、背すじを伸ばす。かかとをできるだけ床に近づけて呼吸する

easy

お尻を突き上げるのがきつい場合はひざをつき、お尻を後ろに引いてかかとの上に乗せ、おでこを床につける

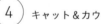

9

吸いながらひざを伸ばして直立し、両腕をまっすぐ上に伸ばす。吐きながら両手を下げて、胸の前で合掌する（最初に戻る）

◂動画はここから！

【体質改善】全身をほぐし安産へと導く、妊婦さんのための太陽礼拝　#474／15分

一連の動作で全身がほぐれ、体が温まることで代謝もアップします。合掌では感謝の気持ちを込めながら、両手を上げるときは太陽の光を浴びるイメージで。呼吸を大切にしながら、だるさや不安がすーっと抜けていく心地よい感覚を味わってください。

8

チェアポーズ

頭をゆっくり上げながら、両手を斜め上に伸ばす。椅子に座るように、お尻を後ろに引いて下げる

easy

手が床につかない場合は、ブロックを使ってOK

7

前屈

吐きながら、手を床につけて前屈する。きつい場合はひざを曲げてもOK

easy

手の指先をすねにつけるのがきつい場合は、ももにつけるか、ブロックを使ってOK

6

ハーフアップ

片足ずつ前に歩きながら手のほうに移動し、足を腰幅ぐらいに開く。ひざを伸ばして両手の指先をすねにつけ、上半身を床と水平ぐらいに上げて、背すじを伸ばす

Chapter 1

カラダをいたわる

少しのコツで
自分らしさを
とりもどせる

時期と症状を把握して

不調と うまく付き合おう

さまざまな不調

妊娠中に起きる一般的な不調は、初期、中期、後期と、時期によって変わります。私自身が感じたことをはじめ、医師から聞いたことや、マタニティヨガインストラクターの養成講座で教わったことをまとめます。

	月数	週数	各時期に見られる一般的な不調
初期	1カ月	0〜3	ホルモンバランスが大きく変わるため、体温が高い状態が続く。 ・だるさ、疲れ、眠気 ・吐き気や頭痛などのつわり ・たちくらみ ・貧血 ・便秘 ・むくみ　…など
	2カ月	4〜7	
	3カ月	8〜11	
	4カ月	12〜15	
中期	5カ月	16〜19	「安定期」と言われる通り、妊娠中でもっとも体調が安定する。胎動を感じ始めるのもこの頃からで、マタニティライフを楽しめる時期。とはいえ、お腹が大きくなることでの変化や不調があらわれる。初期のつわりが収まって食欲が戻るため、食べ過ぎにも注意が必要。 ・腰の反りによる腰痛や背中の張り ・動悸や息切れ
	6カ月	20〜23	
	7カ月	24〜27	
後期	8カ月	28〜31	この3カ月間で胎児の体重は2倍以上に。お腹の重さで重心が崩れ、体のバランスをとりにくくなる。本能的にお腹を守ろうとするためか、背中が丸まって肩が前にかぶった姿勢になる。 ・脚の攣り、むくみの悪化 ・子宮による胃や膀胱などの臓器圧迫 　→胃もたれや胸やけ、頻尿 　夜中にもトイレに行きたくなるので、眠りが浅くなりやすい。
	9カ月	32〜35	
	10カ月	36〜40	

私の場合

私自身が、2回の妊娠中に感じた不調について、詳しくお話しします。一人目でのつわりは、空腹になると気持ち悪くなる、いわゆる「食べづわり」になりました。食べ物の好みがガラリと変わって、大好きだったチョコレートなどの甘いものを受け付けなくなり、プチトマトやグレープフルーツ、梅干しなど、さっぱりしたものをすごく欲しました。いつでも食べられるように、外出時にも必ず携帯していました。二人目ではつわりはまったくなく、食べ物の好みの変化もありませんでした。

ほかにも違いがいくつかあって、一人目の娘のときはお腹がすごく目立ちました。7、8カ月目で、「もう産まれますね」と言われたほど（笑）。二人目の息子のときはあまり目立たなくて、中期になっても人にあまり気づかれませんでした。男女でお腹の出方が違うのかもしれません。娘のときは風船のように丸くお腹が膨らみ、後ろ姿でも妊娠がわかると言われました。息子のときは前に突き出すように大きくなり、後ろ姿では妊婦だとわからないと言われました。

後期になって、お尻の痛みが出たのも娘のときだけでした。お尻の痛みは骨盤が開くのが原因だと言われますが、寝ても立ってもとにかく何をしても痛みました。骨盤ベルトがいいと聞いて実践しても痛みは軽くならず、2週間ほど続き……。基本的には耐えるしかなく、その間は日課にしていたヨガも中断しました。

息子のときに驚いたのは、ピラティスのレッスンを受けに行ったら、インストラクターの先生から「肩が前に巻いている」と言われたことです。9歳からバレエを始め、学生時代には新体操もしていて「姿勢が悪い」と言われたことは一度もなかったので、かなりびっくりしました。ちょうど後期に入ったばかりの妊娠8か月のことで「本能的にお腹を守ろうとして肩が巻いてしまうのだな」と思いました。娘のときにも、誰にも指摘されなかっただけで、肩は巻いていたのでしょう。お腹が大きくなると腰が反りやすいので、反らないように意識して予防できました。おかげでほぼ腰痛を感じずに済みましたが、肩の巻きは本能のようで意識だけではどうにもできず……。先生のすすめで、肩を正しい位置に戻すメニューを中心に動いたら、体がすっきりとして楽になったのを覚えています。

2回の妊娠とも、共通して悩まされたのは脚のむくみと攣《つ》りです。初期、中期、後期でむくみ方や攣り方が変わって、部位も変わりました。後期に入って靴下が自分で履けないほどお腹が大きくなると、膀胱が圧迫されて頻尿にもなりました。夜中にトイレに起きることになり、その回数は臨月に向けて増えました。これも、妊婦さんなら悩まされない人はいない不調だと思います。

マリコ流過ごし方

一人目を妊娠していた2015年2月から翌年9月はB-lifeを始める前で、インストラクターの仕事もお休みしていました。何も予定がない日もあったので、妊娠期間がすごく長く感じられました。時間があるとつい「陣痛の痛みってどういうものなんだろう」「難産だったらどうしよう」などと、考えても仕方ないことばかりが頭をめぐります。いっぽう、二人目を妊娠していた2020年半ばから2021年はいつも通り仕事をしました。この本の取材や撮影もあり、最後の撮影は、出産日の4週間前でした。おかげで時間が過ぎるのが早く、考えなくていいことを考えずに済んで精神的にも安定していました。

妊娠中の過ごし方は人それぞれですが、私は仕事をして日々の予定をこなしているほうが、体も心も楽に過ごせます。もともとアクティブなタイプで、妊娠期以外でも、家で何もしないでまったり過ごす、ということはまずありません。常に何かしら動いていたいので、妊娠中も同じように過ごすほうが快適でした。妊娠によって好きな過ごし方が変わることはないと思うので、自分が自分らしくいられる過ごし方がベストです。

とはいえ、初産の場合はなかなかそれができないもの。私も一人目の妊娠初期に行きたい場所、見たいもの……

安定期の「したいことリスト」

は、気持ちの余裕がまったくありませんでした。何を見聞きしても「運動は安定期に入ってからでないとダメ」とあったので、怖くなりまったく運動できなかったのです。体を動かすのが大好きで、毎日運動しないと体がなまる気がして動かずにはいられない私が、です。安定期に入りやっと動けることが、とにかく嬉しかったです。おうちヨガをしたり、バレエのレッスンを受けに行ったりしました。もちろん、お腹を圧迫したり跳ぶ動きはNGで。仲のいい人たちで集まって、バレトンもしました。バレトンは跳んだり走ったりしないので、妊婦さんも安全にできる動きが多いんです。長年バレトンをしていて慣れていたこともあって、出産の10日前までしていました。

安定期は「したいことリスト」を制覇しよう

二人目のときは、初期から出産当日まで、日課の朝ヨガをずっと続けました。時間は、娘が起きてくるまでの20〜30分。胎動を感じるようになる中期には、リラックス系のポーズ中にお腹の中で赤ちゃんがモゾモゾ動くのがわかりました。週3〜4日のランニングの習慣も、中期まで小走り程度のペースに落として行っていました。医師に確認したら「それまで続けていた運動ならしてもいい」ということだったので、無理のない程度に7カ月目に入るころまで続け、いいリフレッシュになっ

・遠方の友達に会う
・美容院に行く
・海外ドラマを一気見する
・コンサートと美術展に行く
・ひとりカフェ
・英会話の勉強
・積んである本を読破

ていました。最終的には早歩き同然のペースに。後期はまた、ヨガのみになりました。

　中期は「安定期」と言われる通り、つわりが収まって調子が戻り、お腹もそんなに大きくないのでスムーズに動ける時期です。観たい映画や展覧会、行ってみたいレストランやショップなどをリストアップして、一つずつクリアしていくのがおすすめです。コロナ禍でも、きちんと感染予防に努めれば問題なく、心配な方はオンラインやデリバリーで楽しむといいでしょう。映画鑑賞も食事も、子どもがいるとゆっくりできなくなるので。今のうちにしたいことをしておこう！　そのくらいの気持ちで楽しみましょう。

普段通りがキホン

食事について

私の場合、二人のときとも、医師から食事面の指導がなかったので、普段通りの食生活を送っていました。しいて言うと、妊娠中は不足しやすくなるビタミンB群の一つ、葉酸を含む食材、例えばブロッコリーやイチゴ、枝豆などは積極的に食べて、サプリメントでも摂取しました。

「普段通りの食事」とは『魔法のヨガ』（実業之日本社）で紹介したB-lifeが提案する「7つの食習慣」を実践することです。管理栄養士の豊永彩子さんが「体と心も整えて、ヨガをはじめとする運動の効果を最大限に引き出す」ために考えてくれた食事のコツで、具体的なポイントは次のとおりです。

1 たんぱく質リッチ／動物性たんぱく質を毎食のメインディッシュにする
2 過度な糖質オフはNG／1食のご飯の量は握りこぶし1つ分
3 おやつも栄養を補えるものを／ナッツやドライフルーツ、チーズなど
4 野菜不足はサラダ以外でも補える／おひたしや野菜たっぷりの味噌汁がおすすめ
5 油もいろんな種類のものを／えごま油や亜麻仁油、シソ油は積極的にとる
6 調理も味付けもシンプルに／味覚が整って食欲をコントロールしやすくなる
7 原材料はシンプルなほうが◎／商品ラベルを見てから買う習慣をつける

厚生労働省が作成・公表する「妊産婦のための食事バランスガイド」によると、主食、副菜、主菜、牛乳・乳製品、果物の5つのグループの料理や食品を組み合わせて食べることを推奨しています。具体的なポイントを抜粋します。

1. ご飯やパン、うどんなどの主食を中心に、エネルギーをしっかりとる
→妊娠期と授乳期は、食事のバランスや活動量に気を配り、食事量を調整する。

2. 不足しがちなビタミン・ミネラルは味噌汁やサラダ、煮物などの副菜で多くとる
→緑黄色野菜を積極的に食べることで、葉酸を摂取できる。妊娠を計画していたり妊娠初期の人は、神経管閉鎖障害発症リスクの低減のために、葉酸の栄養機能食品（サプリメント）も摂取するとよりいい。

3. 肉、魚、卵、大豆料理などの主菜はバランスよく、適量を
→赤身の肉や魚を上手に取り入れて、貧血を防ぐ。妊娠初期は、レバーやうなぎなどに含まれる、ビタミンAを過剰摂取すると胎児に先天性異常が起きやすいと言われているため、適量にとどめる。

4. 牛乳・乳製品などで十分なカルシウムを補う
→妊娠期と授乳期には、必要とされるカルシウムを摂取できるようにする。

ほかにも、「妊婦への魚介類の摂食と水銀に関する注意事項」など、食に関するさまざまな指導が公表されています。詳しく知りたい方はぜひ検索してください。

不調解消ヨガ

◀動画はここから！

【全身を整える】
マタニティの不調改善、骨盤のゆがみ・肩こり・腰痛・むくみを解消
#475／26分

カラダをいたわるヨガでは、妊娠中にも大きく変化する骨盤にアプローチしながら、腰痛や脚のむくみ、便秘などの不調をまんべんなく解消していきます。

　まず、四つ這いでお尻を回すヒップサークルで、骨盤まわりの緊張を緩めます。四つ這いになると、普段お腹の重みで圧迫された骨盤や骨盤底筋の負担が減るため、周辺の血流やリンパの流れを促せます。次のドラゴンのポーズでは、股関節を伸ばします。ただし、伸ばしすぎに注意してください。お産には股関節の柔軟性が欠かせませんが、妊娠中はリラキシンというホルモンが分泌されて、関節やじん帯が緩みやすいからです。気持ちいい伸びを感じられる程度がベストです。オーバーストレッチに注意しましょう。

　片卍《かたまんじ》のポーズと半円のポーズには、猫背を解消して胸を開く効果があり、浅くなりがちな呼吸を改善できます。お腹の赤ちゃんに、新鮮な空気をたっぷり送るイメージで行いましょう。次のオープンツイスト以降の3つは、床に座った状態で行います。胸から上半身をひねって便秘解消を促したり、前屈して腰やお尻、脚の裏側を伸ばして、むくみや攣《つ》りを防ぎます。

　ヨガ未経験者の方は、どうしても頑張ってポーズをとりがちです。ヨガで一番大切なことは、呼吸を止めないこと。呼吸なしでは効果ががくんと減ってしまうので、呼吸が止まりそうになったら体の力を抜いてポーズを緩めてください。

骨盤と腰がラクに

ヒップサークル

・骨盤まわりの緊張を緩める
・腰痛緩和
・陣痛の痛み逃し
・骨盤底筋を整える

つま先は立てる
股関節の真下にひざを置く
肩の真下に手を置く

1 四つ這いになり、肩の真下に手、股関節の真下にひざがくるようにする。つま先は立てる。

2 お尻で円を描くようにして大きく回す。これは通常のヨガの呼吸ではなくて、鼻から吸って口から吐きながら回す。左回し、右回し、各4回しずつ行う。

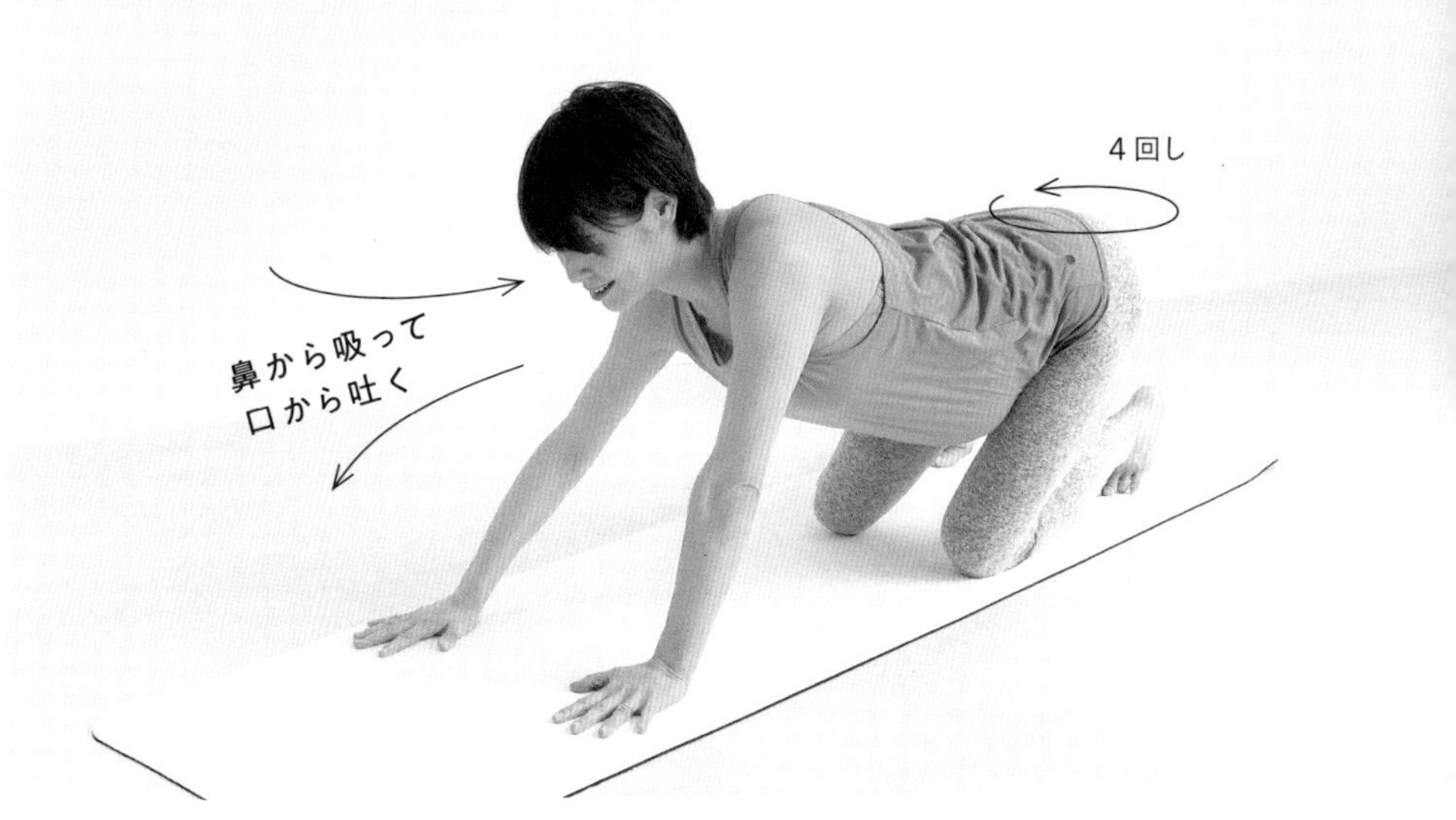

骨盤の歪みを整える

ドラゴンのポーズ

・骨盤調整
・血流・リンパの流れを促進
・反り腰の予防・改善
・股関節の柔軟性を高める

1　四つ這いになって、
つま先を立てる。

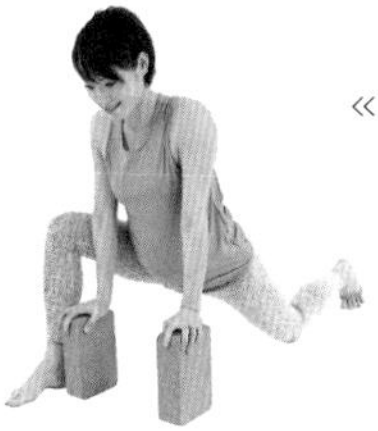

« easy

きつかったら、ブロックを使ってもOK

« challenge

いける方は、ひじをつく。くれぐれもご無理なく

2　右足を右手の横につき、左ひざを後ろに少しずつずらす。目線を前に向けて、息を吐きながらお尻を下げ、左のそけい部（脚の付け根の前側）を伸ばす。3〜5呼吸キープしたら、反対側も同様に行う。

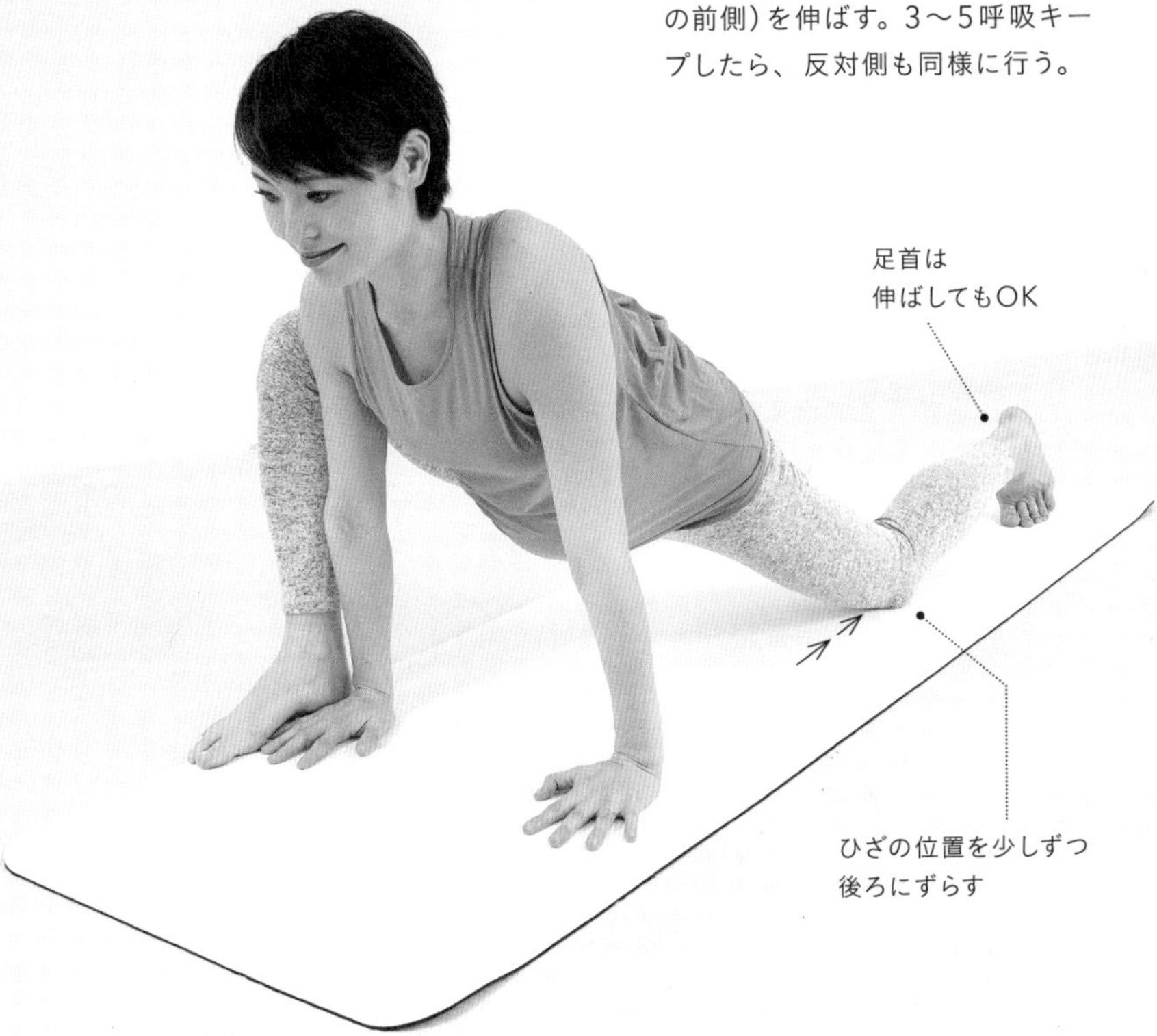
足首は
伸ばしてもOK
ひざの位置を少しずつ
後ろにずらす

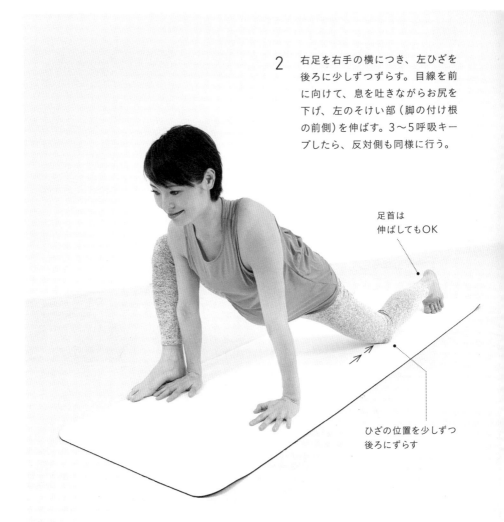

深い呼吸で心身リフレッシュ

片卍（かたまんじ）のポーズ

・自律神経を整える
・呼吸機能を高める
・血流、リンパの流れを促進
・姿勢改善

NG

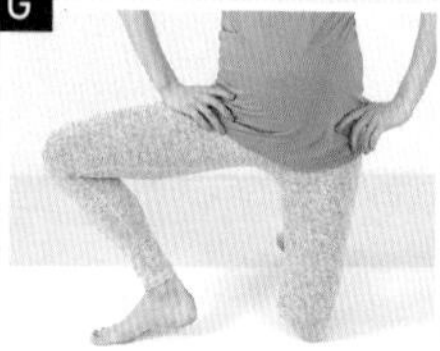

足をつく位置はひざの真下。
内側に入れすぎない

1　ひざ立ちの姿勢から右脚を真横に出して、右ひざを直角に曲げる。

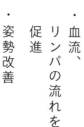

« challenge

余裕がある人は、右手を足首のほうまで下げて、左の体側の伸びを深める

2 吸いながら左手を真上に伸ばし、右ひじを右ももの上につく。息を吐きながら左腕を右斜め上に伸ばして、左の体側を伸ばす。目線を天井のほうに上げて、3〜5呼吸キープする。反対側も同様に行う。

伸びを感じながら

疲れや冷えが和らぐ

半円のポーズ

・血流・リンパの流れを促進
・呼吸機能を高める
・気持ちを前向きにする

≈ challenge

余裕がある人は、右手と右足を後ろに引いて、目線も後ろに向け、胸やわき、股関節の伸びを深める

1 片卍のポーズで直角に立てていた右脚を右横に伸ばす。左手を左横について、上半身を左側に傾ける。

2 息を吸いながら右腕を左斜め上に伸ばして、目線を天井のほうに上げる。3〜5呼吸キープしたら、反対側も同様に行う。

便秘解消でお腹すっきり

オープンツイスト

・肩や背中、腰のコリを解消
・便秘解消、内臓機能を高める
・自律神経を整える

1　あぐらをかいてから、右足を前に出して立てる。右手で右足首のあたりを掴んで、背すじを伸ばす。

2　息を吐きながら胸を左にねじって、左手を後ろにつき、目線も後ろに向ける。決してお腹はねじらないこと。3～5呼吸キープしたら、反対側も同様に行う。

だるさやむくみが抜ける

薪（たきぎ）のポーズ

・背中や腰のコリを解消
・お尻をほぐす

≪ easy

右足を左ひざの上に乗せるのがきつい場合は、右足を前にずらして床につける

≪ challenge

無理のないところまで、さらに前屈

1 あぐらをかいてから、右足を左ひざの上に乗せる。右ひざと左足はくっつかなくてOK。すねと骨盤が平行になるようにして、背すじを伸ばす。

すきまができてOK
すねは骨盤と平行になるように

2 背すじを伸ばしたまま、息を吐きながら上半身を前に傾けて、手を床につく。お尻まわりの伸びを感じるところで、3〜5呼吸キープする。反対側も同様に行う。

フゥー
お尻まわりの
伸びを感じて
足首は曲げたまま

むくみ知らずのスッキリ脚へ

Vの字の前屈

- 腰痛予防・緩和
- 脚のむくみ、攣《つ》りを解消
- 骨盤まわりの緊張緩和
- 疲労回復

1　骨盤をしっかり立たせて背すじを伸ばす。脚はお腹の大きさ分開いて伸ばし、足首を直角にして、つま先を立てる。

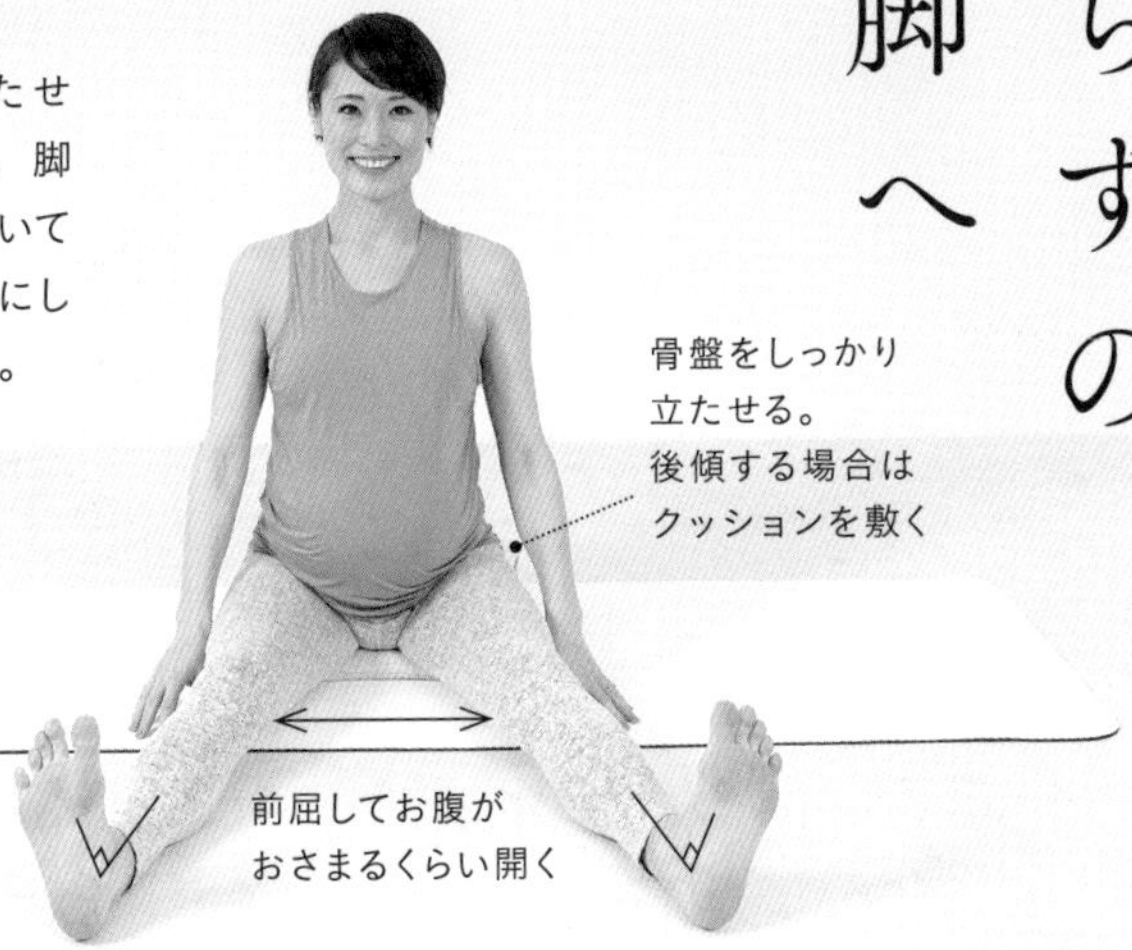
骨盤をしっかり立たせる。後傾する場合はクッションを敷く
前屈してお腹がおさまるくらい開く

2　背すじを伸ばしたまま両手を前につき、息を吐きながら、上半身を前に傾ける。太ももの裏側の伸びを感じるところで、3～5呼吸キープする。

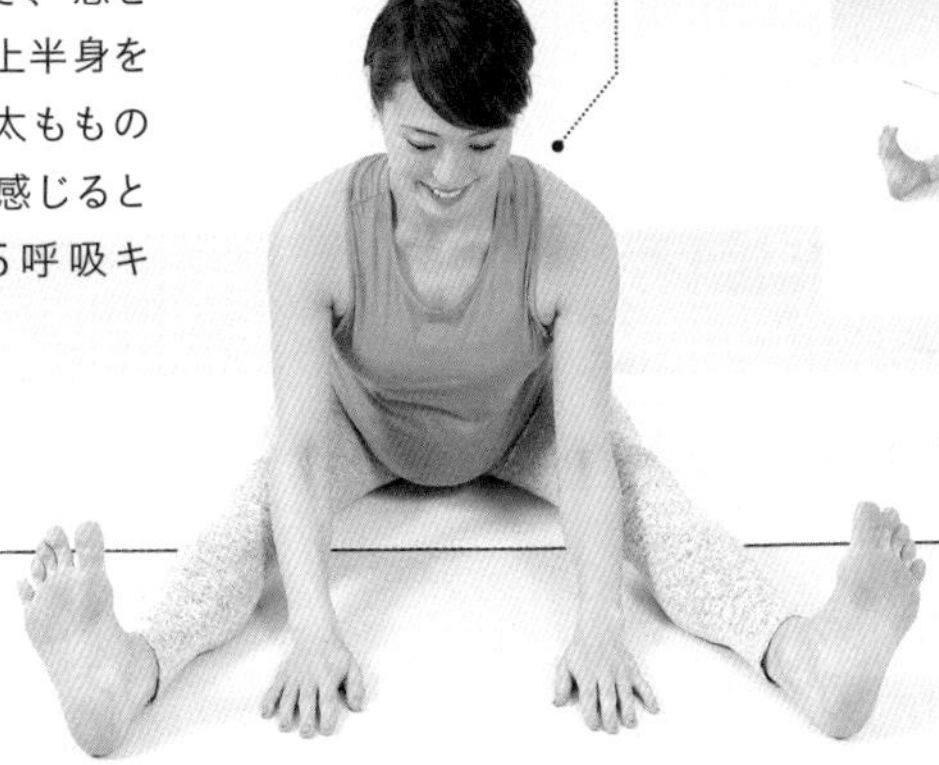
背すじは伸ばしたまま

Chapter 2

ココロをいたわる

心身の柔軟性を高めれば
不安や恐怖から解き放たれる

不安にのみこまれそうになったら

未来の自分にまかせる

「マタニティブルー」という言葉があるように、妊娠中と産後は、ホルモンバランスの変化によって、情緒不安定になりがちです。わけもなく不安が募って気分が鬱々としたり、涙もろくなったり……。特に初産婦は、初めてのことで不安が大きく、経産婦であっても不安定になるのが自然です。コロナ禍で母親学級などは開かれず、ママ友や家族とも自由に会うことができなければ、なおさら。定期健診も一人で、出産時の立ち会いもNG。そのため、孤独感を募らせている妊婦さんも少なくないでしょう。

私も一人目の妊娠中に、出産の痛みを想像して恐怖に襲われました。「陣痛ってどういう痛さなんだろう?」「破水ってどのタイミングでするんだろう?」「鼻からスイカを出すような痛みって、一体どんな痛みなんだ⁉」と恐れおののいたこともありました。当時は仕事をしておらず時間だけはあり、考えてもわからないことばかりつい考えては調べて、さらにドキドキ、ハラハラする、という悪循環に陥ってました。

また、一人目のときは「インストラクターとしていつ復帰できるだろうか」という仕事に対する不安もありました。産後どのくらいで体型や体調が戻るのかまったく予想できず、復帰の目途がつかなかったのです。生まれてくる赤ちゃんがもしもすごく手のかかる子だったら、何年も復帰できないのかも、と思ってしまったこと

も……。考えれば考えるほど、不安は大きくなる一方でした。

先々についてどんなに一生懸命考えても、それは予測でしかなく、ベストな解決策は見つかりません。「今考えても答えが出ないことは考えない」「なるようになるから大丈夫」と自分に言い聞かせ、不安を切り離すことで乗り越えました。

妊娠・出産は予期せぬことが起きるもので、予定日に生まれるとは限りませんし、安産を祈っていても難産になったり、自然分娩の予定が緊急帝王切開になることもありえます。逆のケースもしかりで、「陣痛の痛みを覚悟していたけど、月経痛のような感じで思ったほどではなかった」という人もいると聞きました。これらの予期せぬケースに対応するために「できるだけ多くの情報を収集して対処法を頭に入れておく」という安心の仕方もあるでしょう。しかし、ただでさえ不安になりやすい時期です。安心のための情報収集で、見なくていいものを見てしまって不安になったら、逆効果です。

あらゆるケースに柔軟に対応するために、私自身は情報過多になりすぎないように意識しました。先々に状況が変わり、今よりいい知恵やサポートを得られる可能性もありますよね。必要最低限の情報収集と準備をしたら、それでよしにする。問題に直面したそのときに、対処法を考えるようにする。そう割り切りました。

思考も柔軟に

情報との付き合い方

妊婦さんの中には、情報過多になり「こうするのがいいんだ」と強く思い込みすぎて、予期せぬ事態に直面した際、いい判断ができなくなってしまうケースがあるそうです。例えば、「育児はやっぱり母乳でしょう」と思っていても、母乳の出が悪いこともあります。その場合は粉ミルクをあげないと、赤ちゃんの体や脳の発育に悪影響が出かねません。にもかかわらず「母乳が一番よくて粉ミルクはダメ」という思い込みを捨てられなかったら……。状況に合わせてベストな判断ができるように、思考の柔軟性も必要なのです。

マタニティヨガインストラクターの講座で聞いた話ですが、ある妊婦さんは初めて妊娠したとき、冷蔵庫から出したばかりの冷たいものは口にしない、カレーライスなどのスパイスが入っているものもよくないから食べないなど、食事面でかなり徹底して気をつけていたそうです。すべて、赤ちゃんの健康とスムーズな自然分娩のためにしていたことですが、結果的には緊急帝王切開になってしまいました。いっぽう、妊娠中に平気でアイスコーヒーを飲むなど、まったく気を付けていなかった方が自然分娩で安産だった、と。前者の方が緊急帝王切開になった原因は定かでありませんが、つくづく、何が起こるかわからないことを思い知る話でした。

ぐるぐると不安な気持ちがぬぐえない時、ママの感情はお腹の中の赤ちゃんに伝わる、ということを思い出してください。そして、今考えても答えが出ないこと

は考えない、なるようになるから大丈夫、と自分に言い聞かせましょう。
そんなときは目をつぶって、ゆっくり呼吸を繰り返すのがおすすめです。ほんの10秒、20秒でも、呼吸に意識を向けることで気持ちがすーっと落ち着きます。体を動かせる余裕があれば、ぜひヨガをしてください。お気に入りのポーズを一つするだけでも、スッキリするはずです。
自分に合った心の立て直し方を覚えておくと、ストレスや不安を溜め込まずにすみます。

心身リラックスヨガ

◀動画はここから！
【自律神経を整える】
妊婦さん・ヨガ初心者におすすめの究極のリラックスヨガ
#476／27分

心身リラックスヨガは、自分の内側に意識を向けやすいポーズを中心に構成しました。初めに、お休みのポーズとして有名なチャイルドポーズをして、気持ちをリセットします。ゆっくりと呼吸を繰り返すうちに、心身のりきみがとれるのを実感できるでしょう。

マーメイドのポーズでは横座りになって、腕と一緒に体側を伸ばします。がんこな肩や首のコリ、腕のだるさなど、上半身の不快な症状をまとめて解消できてスッキリするので、気持ちのリフレッシュにもつながります。3つ目のローリングパンダは四つ這いから少し動いて、背骨をひねります。背中の張りや腰痛がほぐれて姿勢が改善し、さらに腎臓機能を高める効果もあります。お腹が大きくなると膀胱も圧迫され、頻尿になります。回数が増える分、腎臓が疲れやすくなるので、頻尿が気になる人は少し長めに行うといいかもしれません。

次のやさしいラクダのポーズは正座から胸を開いて、体の前側を伸ばします。呼吸にかかわる筋肉をストレッチできるため浅い呼吸が改善し、胃腸の働きも活性化します。

心身リラックスヨガで大きな動きがあるのはこの3つで、5つ目のカメのポーズ以降の3つは再び、リラックス度が高いポーズに戻ります。最後の横向きのお休みのポーズは、通常のお休みのポーズで知られるシャバーサナの妊婦さんバージョンです。赤ちゃんとのつながりを感じ、自分をいたわってあげましょう。

安心感に包まれる

チャイルドポーズ

・心身に安らぎをもたらす
・疲労回復
・呼吸機能を高める
・腰痛緩和

≈ variation

手の下にクッションを
敷いても OK

START

1　マットの端のほうで正座して、ひざをお腹の大きさ分開く。左右の足の親指はつけておく。

2　息を吐きながら上半身を前に倒して、両手を重ねた上におでこを乗せる。5～10 呼吸キープする。

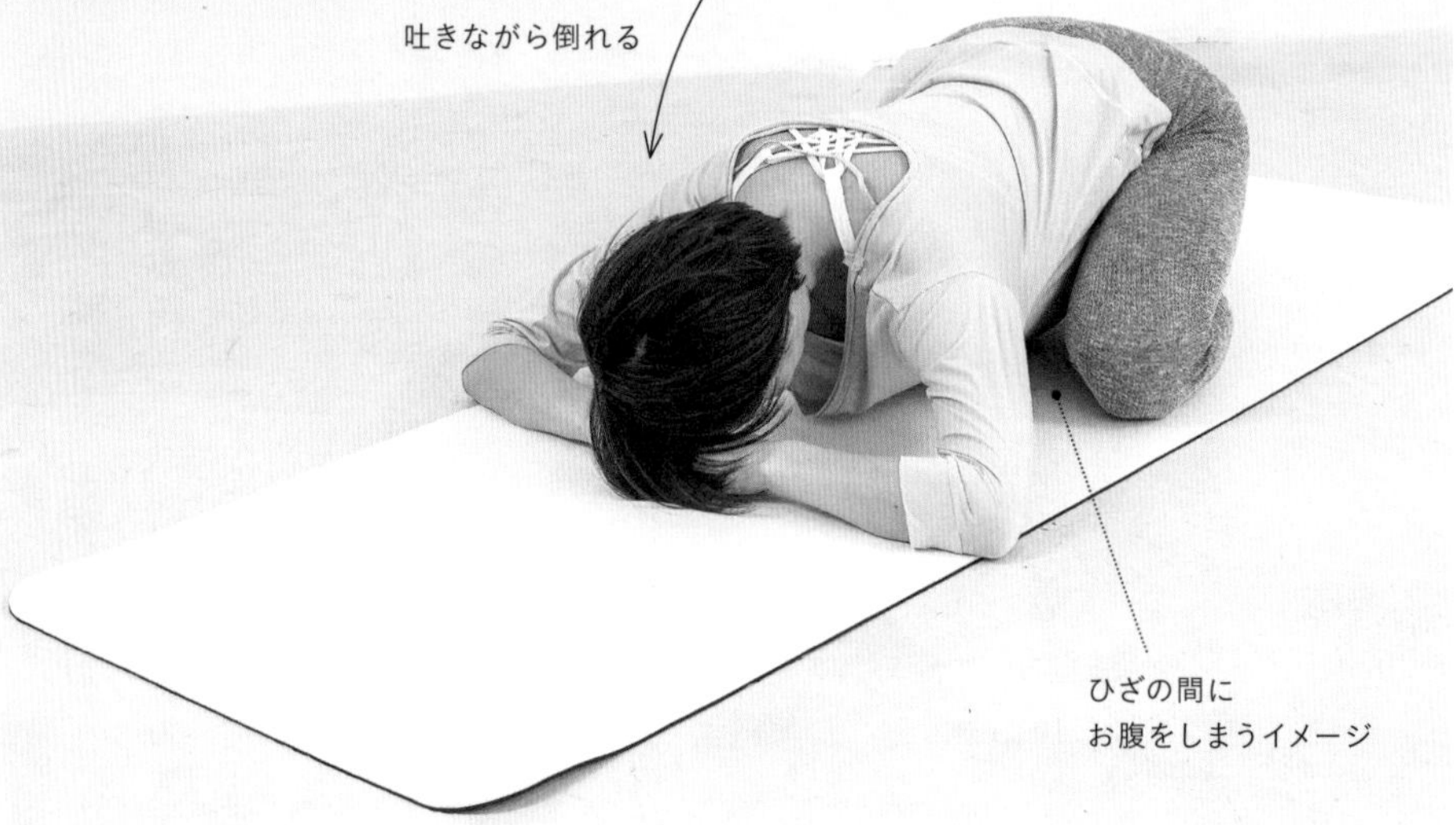
吐きながら倒れる
ひざの間に
お腹をしまうイメージ

上半身のだるさが消える

マーメイドのポーズ

・前向きな気持ちになる
・首や肩のコリを解消
・腕のだるさを解消
・内臓の調子を整える

START

1　両脚を右に流して横座りをする

2　息を吐きながら息を吐きながら、左腕を右斜め上に伸ばして、左の体側を伸ばす。目線は天井のほうに上げる。3〜5呼吸キープしたら、反対側も同様に行う。

目線は上へ

首がきつかったら
目線は正面か下に

体側の
伸びを感じながら

背中がほぐれ心が前向きに

ローリングパンダのポーズ

・自律神経を整える
・内臓機能を高める
・首と肩のコリを解消
・背中をほぐす

START

1 四つ這いになって、つま先を立てる。左脚を真横に伸ばし、つま先を前に向ける。

2 息を吐きながらお尻を後ろに引き、左の内ももの伸びを感じるところで、3～5呼吸キープする。

^ variation　右腕は、腰のほうに回しても、頭上に伸ばしても、より気持ちいい位置でOK

3　お尻を元の位置に戻し、右腕を左ひじの後ろ側を通しながら左方向に伸ばし、胸を左にねじる。目線は心地いいところに向けて、3～5呼吸キープする。反対側も同様に行う。

！ 伸ばしている足裏をしっかり床につけて安定させ、後ろに転がらないように気をつけましょう

心身を解放

やさしいラクダのポーズ

・呼吸機能、内臓機能を高める
・つわり、胸やけの緩和
・首と肩のコリを解消
・姿勢改善

START

1 正座をする。

2 両手を後ろについて、上半身を後ろに傾ける。手の指先は自分のほうに向ける。

指の向きは自分のほうへ

« challenge

余裕がある人は、吸いながらお尻をキュッと引き締めつつ持ち上げて、骨盤を前に押し出す

3 目線を天井に上げて、息を吸いながら胸を押し出すように広げる。3～5呼吸キープする。

心と骨盤のリラックス

カメのポーズ

- 安心感と集中力が高まる
- 骨盤まわりと股関節の柔軟性アップ
- デトックス効果
- むくみ、冷えの改善

START

1 お尻を床につけて座り、足の裏を合わせて脚でひし形をつくる。

背すじは伸ばしたまま
きつい方は両腕を無理に下に通さなくてOK（左上easyポーズ参照）

2 背すじを伸ばしたまま、息を吐きながら上半身を前に傾ける。両腕をふくらはぎの下に通して、手を足首の前側か足の甲につける。

« easy

両腕をふくらはぎの下に通すのがきつい場合は上に乗せて、手を足首の前側か足の甲につける

3 首や背中、腰の力を抜いて３～５呼吸キープする。

首や背中、腰は脱力

不安や緊張がとけだす

やさしいワニのポーズ

・リラックス効果
・腰痛緩和、骨盤調整
・便秘解消
・全身の歪みを整える

^ variation

ひざを閉じたままキープするのがきつい場合は、右脚を床につけてOK

START

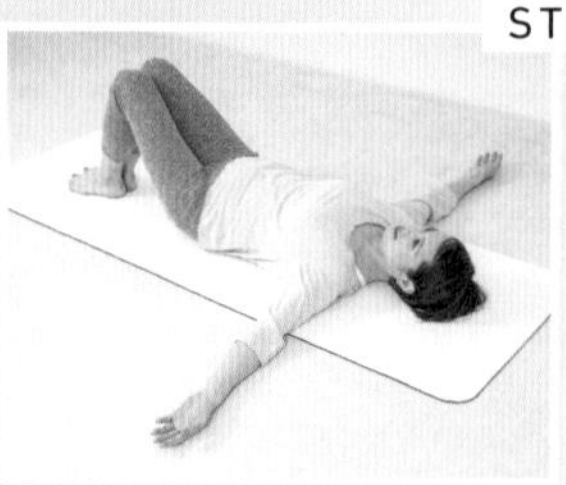

1

あお向けに寝て両ひざを立てて揃え、両腕を左右に大きく開く。

2

息を吐きながらひざを右に倒す。左の肩が浮かないように。顔を左に向けて、3〜5呼吸キープする。反対側も同様に行う。

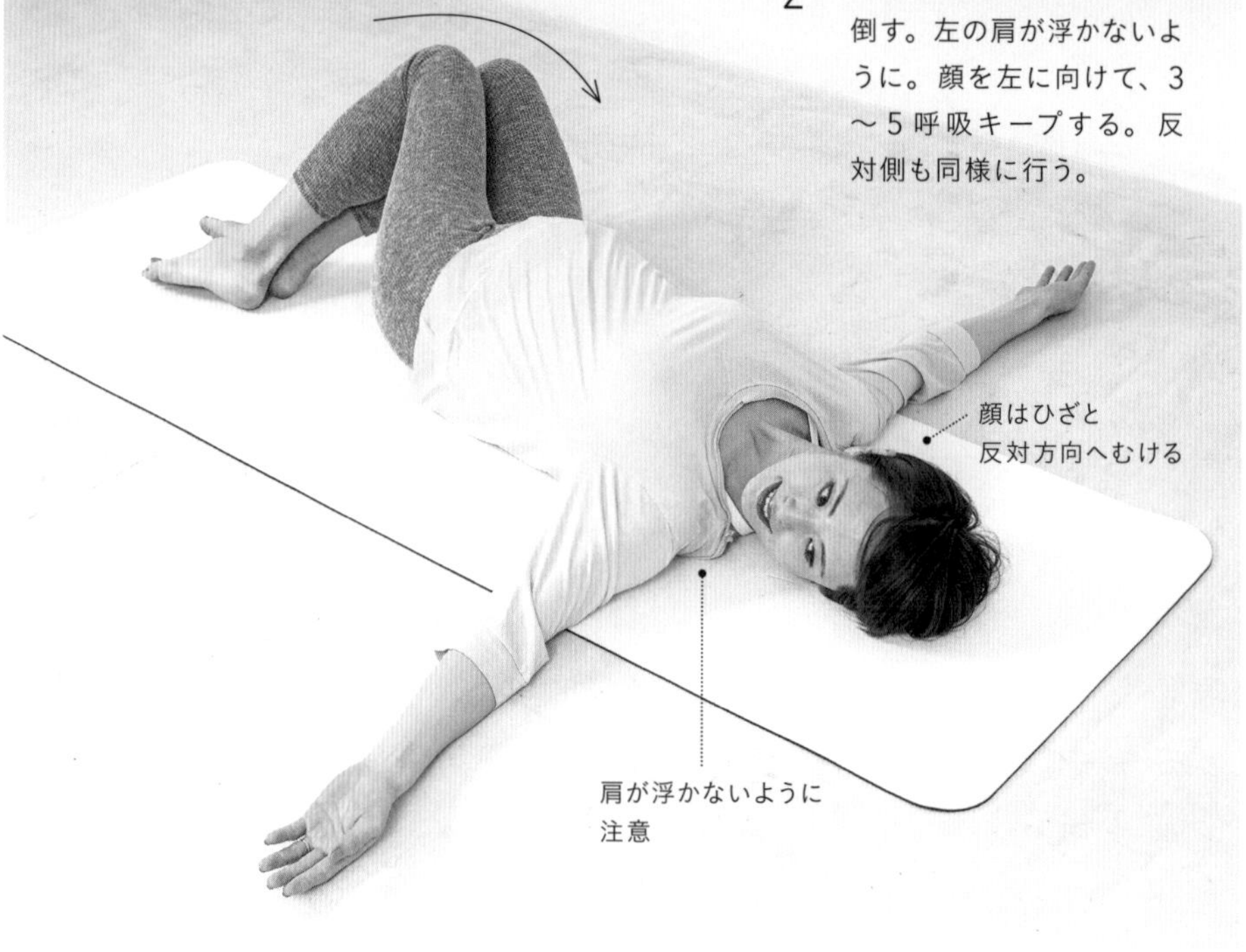

顔はひざと反対方向へむける

肩が浮かないように注意

深いリラクゼーション

横向きのお休みのポーズ

・自律神経が整う
・疲労回復
・不安や緊張からの解放
・赤ちゃんとのつながりを感じる

≈ variation

腕を枕にしたり、上の脚を曲げてクッションを敷くなど、脚も手も好みの角度と位置に調整してOK

頭の下にクッションを敷いて、横向きに寝る。体の向きは、左右好きなほうで。リラックスするまで、ゆっくり呼吸を繰り返す。

ゆっくり深い呼吸

赤ちゃんとのつながりを感じよう

Chapter 3

安産に向けたカラダづくり

赤ちゃんと会える
瞬間にむけて
今、できることがある

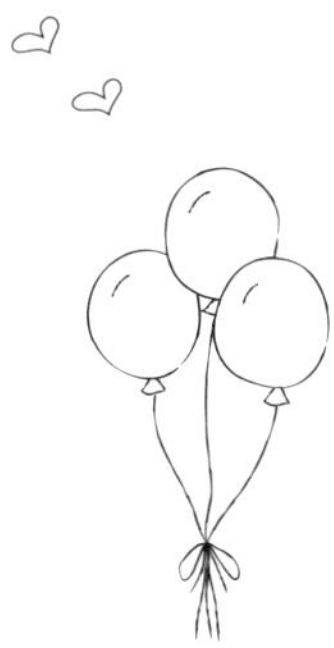

やさしいカパラバティ

安産のための呼吸法

ウォームアップヨガで2つの呼吸法、完全呼吸と浄化の呼吸を紹介しましたが、出産が近づいてきたら、ぜひやってほしい呼吸法がもう一つあります。それが「やさしいカパラバティ」です。

カパラバティとはヨガの伝統的な呼吸法の一つで、「火の呼吸」とも言われます。鼻からフッ、フッ、フッと強く鋭く吐き、吐く息に合わせてお腹を凹ませるのが基本です。これを妊婦さん向けにアレンジしたのがやさしいカパラバティで、鼻から大きく吸って、口からゆっくりフー、フー、フーと3回にわけて吐き切ります。ポイントは、吐きながら徐々にお腹を凹ませていき、最後まできっちり吐き切ること。そうすると、お腹のインナーマッスルの腹横筋を鍛えることができます。妊娠中に通常の腹筋運動のような「お腹を縮めて圧迫する動き」はNGですが、腹横筋は息を吐くときに働く「呼吸筋」の一つなので、妊娠中でも鍛えておきましょう。

腹横筋は腹筋の中で一番奥にある筋肉です。体に巻き付けるコルセットのようにお腹まわりをぐるりと覆い、姿勢や内臓を支えています。そこを鍛えると、腹直筋の離開を最小限に留めることができます。

妊娠すると、お腹の前側の表面を覆う腹直筋が離開しますが、腹横筋を鍛えておくことで必要以上の離開を防げるのです。別名「コルセット筋」という文字通りの働きで、息をきっちり吐き切ることで鍛えられます。

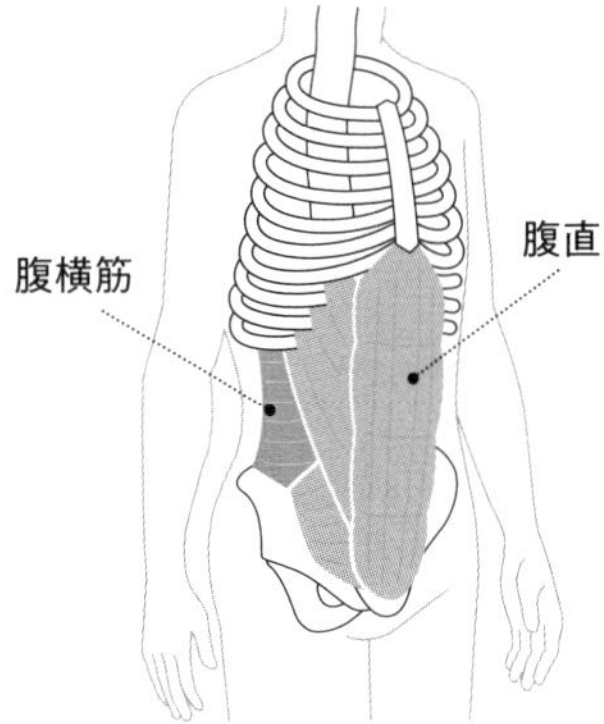

腹横筋は腹筋の中で一番奥にある筋肉。コルセットのようにお腹まわりを覆い、姿勢や内臓を支えており、鍛えると腹直筋の離開を最小限に留められる。

マタニティ用のカパラバティでは、鼻から大きく吸って、口からゆっくりフーフーフーと3回に分けて吐く。吐きながら徐々にお腹を凹ませ、最後まできっちり吐き切る。腹横筋が鍛えられ、出産でいきむ際の「娩出力」がアップする。

腹横筋を鍛えるもうひとつのメリットは、出産時にいきむ力がつくことです。

子宮口が開くにつれて陣痛の間隔は狭まり、赤ちゃんが下りてくると、痛みは2~3分おきに起きて、1分前後続きます。その1分間、意識したいのは吐く呼吸。やさしいカパラバティのような「吐く呼吸」を意識して行うと、お産がスムーズに進むのです。

さらに、呼吸と連動して動く骨盤底筋も自然と鍛えられて、骨盤底筋の動きをコントロールしやすくなるのもメリットです。出産時には医師や助産師から「膣を締めて、緩めて」という指示が出ます。まさにその指示に応えやすくなります。どんなに痛くても、スムーズに進む分、パニックになりにくくなります。

自分らしい選択でいい

バースプランとお産体験

欧米では無痛分娩が一般的で、日本でも選ぶ人が増えていると聞きますが、私は2回とも自然分娩で産みました。どんな痛みなのか、あえて経験したいと思ったからです。痛さを想像して恐怖に襲われたくせに矛盾しているようですが、人生の財産になる貴重な体験だなと考えました。二人目も自然分娩にしたのは、一人目から5年以上経過して、リアルな痛さは忘れてしまったためです。痛みを覚えていたのは、産後しばらくの間だけでした。

分娩法には自然分娩のほかに、無痛分娩や自宅出産など、いくつか種類があるので、自分の納得できる方法を選ぶのがイチバン。「お産中はこの曲を流してほしい」「好きなアロマを焚いてほしい」「お気に入りのクッションを持ち込みたい」などの希望も、予めまとめておきましょう。これはバースプラン（出産計画）といって、妊娠・出産をより納得できる形で進めるためのものです。私は初めての出産のとき、赤ちゃんが生まれる瞬間からビデオ撮影をしました。一人目のときは夫にカメラをセットしてもらいましたが、二人目はコロナ禍のため立ち会いNG。自分でセットもカメラチェックもしてから分娩台に乗ろうかと考えていましたが、2回目とはいえさすがにその余裕はありませんでした（笑）。

一人目のときは、余裕のカケラもありませんでした。陣痛が痛すぎて、体のどこが痛いのかわからなくなるほど。赤ちゃんが生まれたのは深夜3時15分で、その

◀出産当日から退院までを収めた
動画はこちら！

【出産のご報告】無事に生まれました！　#467／14分

前々日の夜11時ぐらいに「おしるし」があり、そこからゃんわりと陣痛が始まりました。翌日（出産前日）になると陣痛の間隔が狭くなり、夜8時ごろに病院へ。診察と検査を受けたら「まだまだだから、あともう1日ぐらいかかるかな」と言われて、病室に通されました。「この痛みで、まだまだなんだー」と驚きと落胆が混ざったような気持ちで陣痛に耐え、深夜2時ぐらいに助産師さんが見に来てくれたら、「赤ちゃんの頭が下りてきている！」と。通常なら陣痛室に行ってから分娩台に乗るところ、いきなり分娩台に乗せられて、約1時間後には赤ちゃんが生まれた、という流れで、初産にしては相当順調でした。陣痛時の痛みが強すぎて、痛みの感覚が麻痺しているため、赤ちゃんが出てくるときは陣痛ほどの痛みはありませんでした。出産直後に思ったのは「終わった！　やっと痛みから解放される！」ということ。よし、これでまた走れるぞ、と。長い間ランニングができなかったので、思い切り汗をかいてすっきりしたかったんです。二人目のときも痛みは感じましたが、お産は順調でした。心のゆとりもあり、お産の過程をひとつひとつじっくり味わうことができ、不思議な満足感と安心感に満たされました。

出産後はアドレナリンが出て達成感が強く、前日から陣痛で睡眠不足のはずなのに全然眠れず……。一回目の出産時は眠れなくて困ったほどでした。

安産のための体力アップヨガ

◀動画はここから！
【安産力を高める骨盤ケア】
体力・体幹力・足腰の強化に効果的
#477／21分

安産のための体力アップヨガは、キープに筋力がいるポーズが中心で、しっかり鍛えられる内容です。アプローチする主な部位は脚の筋肉で、全身の筋肉の約7割を占めると言われるため、脚のトレーニングは体力アップの近道です。筋肉量が増えれば代謝アップにもつながり、動かせば動かすほど血流やリンパの流れがよくなって、むくみや冷えの解消にも効果的です。

まずひざ立ちの姿勢で骨盤底筋を鍛えます。次にひじ付きプランクで体幹を鍛えます。プランクというときついイメージがあるかもしれませんが、お腹を圧迫しないプランクは妊婦さんもOKなポーズで、キープ時間を短くすれば問題ありません。必ず、赤ちゃんを背中側にしっかり引き込んだ状態で行い、お腹がぶら下がらないようにしましょう。腰を守りつつ、腹横筋も鍛えられます。

3つ目の花輪のポーズは「マタニティ太陽礼拝」にもあるポーズで、別名「安産のポーズ」と呼ばれています。足を開いてしゃがみ、骨盤底筋を強化しながら股関節の柔軟性も高められます。次のチェアポーズ以降も、脚と骨盤底筋を鍛えながら、全身に力がみなぎるようなパワフルなポーズが続きます。

妊娠中にウォームアップヨガから続けて行う場合は、マタニティ太陽礼拝→不調解消ヨガ→安産のための体力アップヨガ→心身リラックスヨガの順がおすすめです。自然で心地いい流れでできると思います。

安産力がぐっとアップ

骨盤底筋のエクササイズ

・スムーズな出産
・痔や産後の尿漏れ予防
・産後の回復力を高める

START

1 ひざ立ちになって、ひざを腰幅またはやや広めに開き、左右のかかとをつける。

2 息を吐きながら、お尻を後ろに引き、骨盤底筋を緩めて下げる。

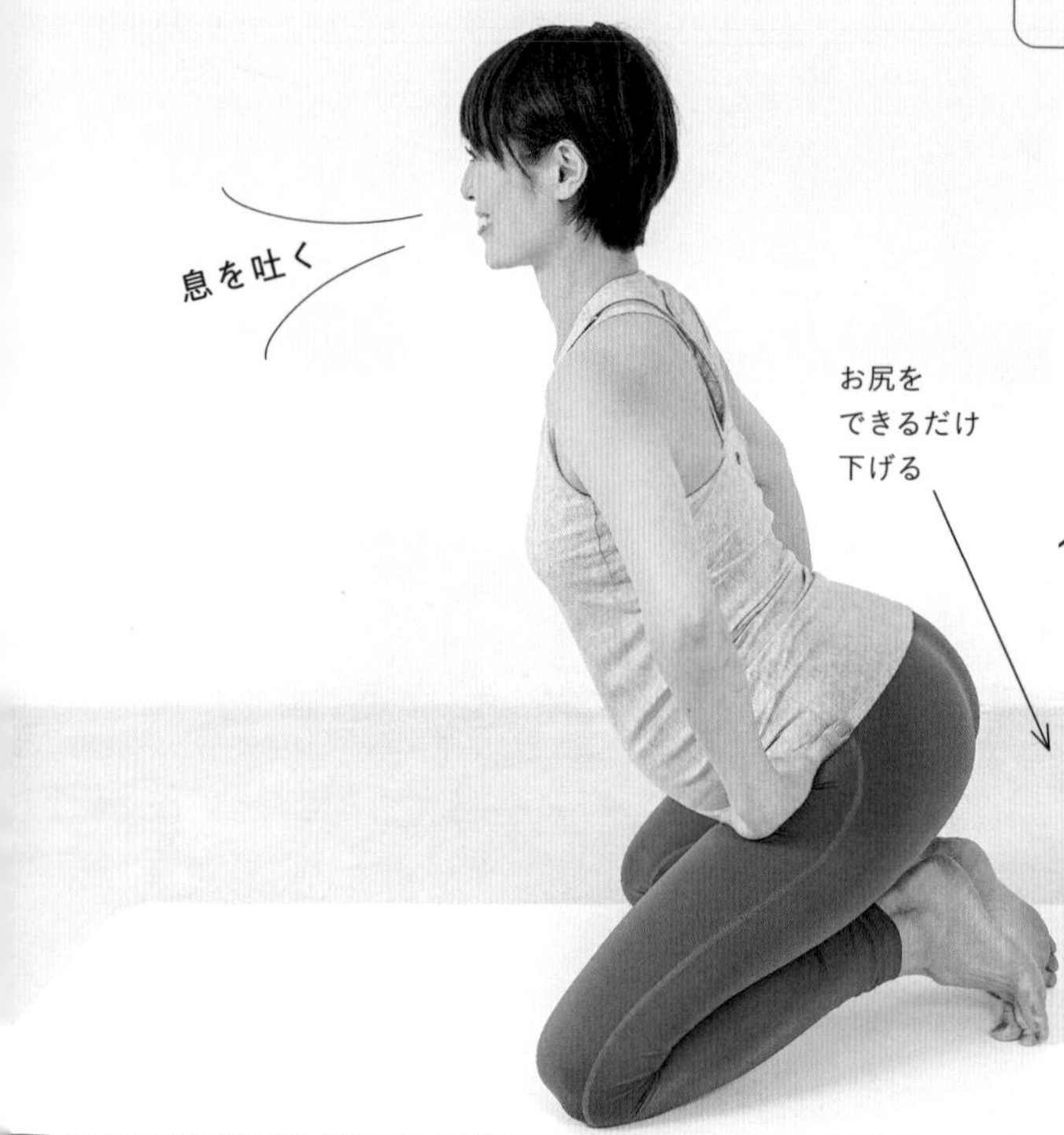

3　吸いながら、お尻を引き締めて持ち上げる。最後に恥骨を前に押し出し、尿をがまんするときのようにキュッと膣を締める。これを5～8回繰り返す。

お尻を引き締めて
持ち上げる
膣をキュッと締める

体幹を鍛える

ひじ付きプランク

・インナーマッスルの強化
・姿勢改善
・娩出力を高める
・腹直筋離開の予防

四つ這いになって、ひじは肩の真下につき、ひざは一足分ぐらい後ろにずらす。赤ちゃんを背中のほうに引き込むようにお腹に力を入れて、3 呼吸キープする。息は口から吐いても OK。

赤ちゃんを背中側へ
引き込むように
お腹に力を入れる
肩の真下にひじをつく
ひざは一足分ほど後ろにつく

OK

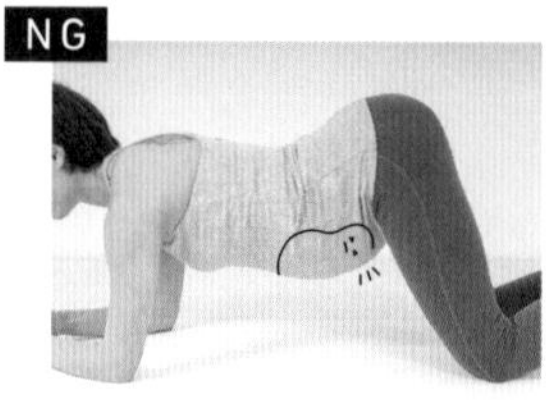

NG

お腹の力を抜いて腰を反る、赤ちゃんをぶらさげたような状態にしない。赤ちゃんをしっかり引き込んで、背中を板のように平らにすること。

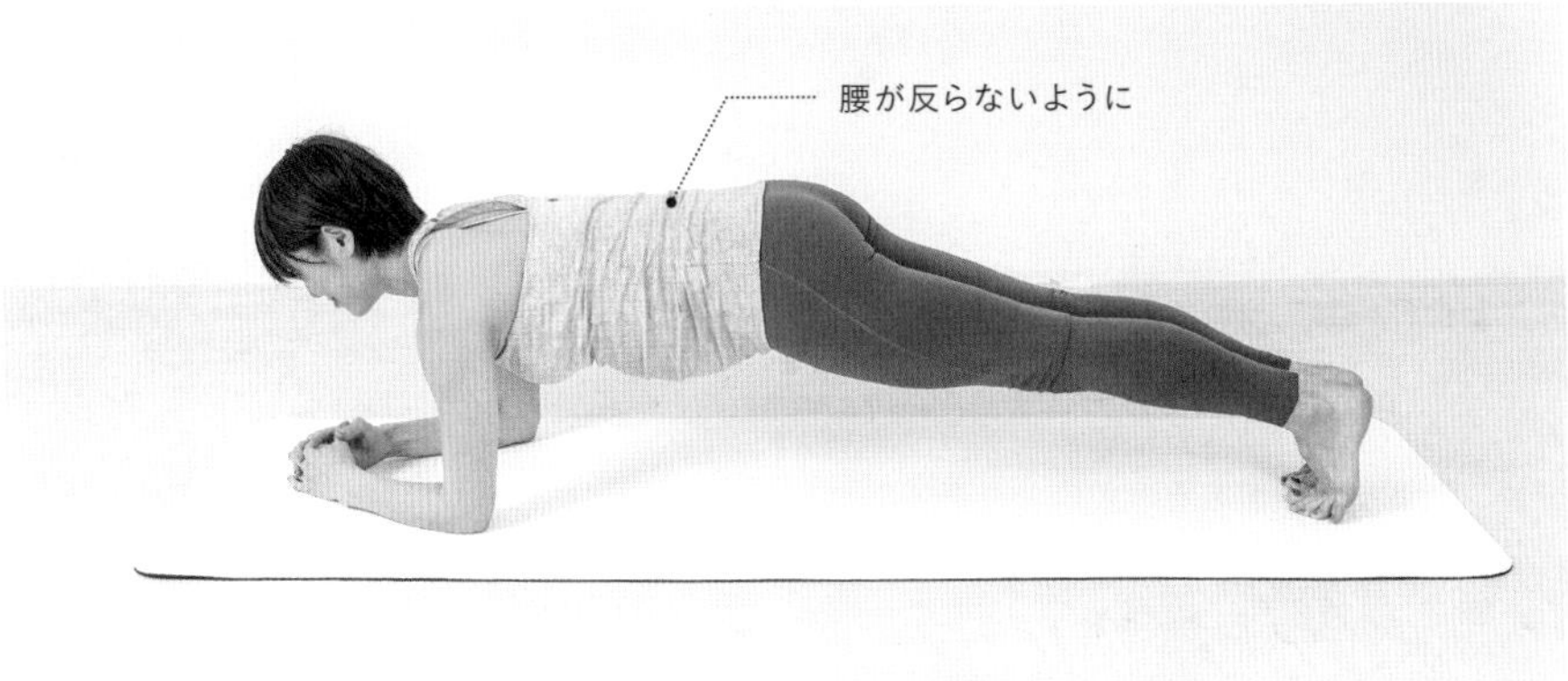
腰が反らないように

≪ challenge　余裕がある人はひざを伸ばし、ひじとつま先を床につけた状態で3呼吸キープする。キープ時間を5呼吸に延ばしてもOK。

ひざの間にお腹をしまうイメージ

チャイルドポーズでひと休み

正座になってひざをお腹の大きさ分開き、上半身を前に倒して3～5呼吸キープする。両手を重ねた上におでこを乗せてもOK。

安産のポーズ決定版

花輪のポーズ

・骨盤底筋群の柔軟性アップ
・骨盤まわりの血行促進
・股関節の柔軟性アップ

≫ easy

しゃがむとかかとが浮く人はブロックを使ってOK

足を腰幅に開いてつま先を外に向け、お尻を下ろしてしゃがむ。背すじを伸ばして、胸の前で合掌する。息を吸いながら、骨盤底筋を引き上げるように膣を締め、吐きながら緩める。これを3～5回繰り返す。

! 妊娠34週以降で逆子の方、または痔の方は花輪のポーズをしないようにしましょう。

つなぎのポーズ

ハーフアップ

1 ひざを伸ばして、つま先を正面に向ける。両手の指先をすねにつけ、上半身を床と水平ぐらいに上げて、背すじを伸ばす。手の指先をすねにつけるのがきつい場合は、ももにつけるか、ブロックを使ってOK。

≫ easy

2 息を吐きながら、手の指先を床につけて前屈する。手の指先が床につかない場合は、ブロックを使ってOK。

深い呼吸で力がみなぎる

チェアポーズ

・下半身全体の引き締め
・骨盤底筋の強化
・恥骨痛の緩和

START

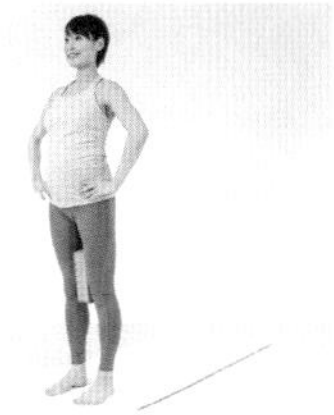

1　ブロックやクッション、丸めたタオルなどを内ももで挟んで立つ。

2　お尻を後ろに下げる

ブロックが落ちないよう、内ももに力を入れることに集中

3　吸いながら両腕を上げて呼吸する。ブロックやクッションが落ちないように、内ももに力を入れることに集中する。

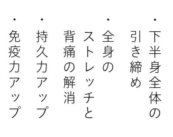

全身にパワーがいきわたる

ウォーリア1

・下半身全体の引き締め
・全身のストレッチと背痛の解消
・持久力アップ
・免疫力アップ

START

1

右脚は前、左脚は後ろにして大きく開き、左のつま先をやや外へ向ける。手は脚の付け根のあたりに当てる。

2 右ひざを曲げて腰を落とす。左ひざは伸ばす。

可能であればひざが直角になるくらいまで腰を落とす

ひざは伸ばす

不安定な場合は後ろ足を外側へつき、足幅を広げる

« challenge

余裕がある人は、左足のつま先を正面に向けてからかかとを上げ、ハイランジのポーズでキープする

3

バランスが崩れないように注意しながら、片腕ずつ、頭上に伸ばす。

4　両腕を頭上に伸ばしてバンザイをして、3～5呼吸キープする。脚を入れ替えて、同様に行う。

赤ちゃんを背中へ引き寄せるイメージで
小指が浮かないように

背中と下半身を整える

三角のポーズ

・全身の歪みを解消
・リフレッシュ効果
・全身の血行促進
・便秘解消

1　両腕を床と水平に伸ばす。手の下に足がくるくらい両脚を大きく開き、右のつま先を90度外側へ向ける。

2　両手を脚の付け根のあたりに当て、腰を左へスライドさせながら上半身を右に傾ける。

START

腰を左へスライド

« easy

右手をすねにつけるのがきつい場合は、ブロックを使ってOK。

« challenge

余裕がある人は、右手を足首のほうまで下げて、左手を頭上のほうに伸ばす

3 右手を下げてすねにあて、息を吸いながら左腕を天井のほうに伸ばして、目線も上に向ける。3～5呼吸キープする。反対側も同様に行う。

目線も上へ
※首がつらい方は
目線正面でもOK

母としての安定をもたらす

女神のポーズ

・気持ちが前向きになる
・股関節の柔軟性アップ
・脚の冷え・むくみの改善
・足腰の強化

START

1
両足を肩幅の２倍ぐらいに大きく開き、つま先を外に向ける。手は、脚の付け根のあたりに当てる。

2
息を吐きながらお尻を下げる。骨盤をまっすぐ保ちながらお尻を下げ、吸いながら上げる。これを３～５回繰り返す。

可能であれば
ひざが直角に
なるくらい
お尻を下げる
ひざとつま先の
向きは必ずそろえる

3　お尻を下げた状態で、両腕を左右に水平に伸ばす。手のひらは前に向ける。

4　ひじを直角に曲げて、3〜5呼吸キープする。

Chapter 4

産後のケア

カラダをいたわることが
ママとしての
最初の仕事

産後ダイエットは必要？

2回の出産とも体重は約10キロ増え、お産で胎盤や羊水などが出て4キロ減ったので、実質6キロの増加です。医師の指導で10キロ前後に意識して抑えたわけではありませんが、この増減は一般的だそうです。出産直後はまだ子宮が膨らんでいるので、下腹がポッコリ出ている状態です。大きくなった子宮は産後6週間〜8週間の産褥《さんじょく》期間（詳細は104ページへ）に、徐々に元の大きさに戻ります。十月十日かけて大きくなったのですから、戻るのに時間がかかるのも当然。焦る気持ちは手放しましょう。

増えた6キロには、おっぱいや子宮が大きくなる重さの分も入っていて、それが約1キロと血液などの水分が増える重さが約2キロ。残りの3キロが脂肪という計算になります。お腹が大きくなるにつれて胸が張って大きくなり、全体的に脂肪がつき、ひと回り丸くなりました。妊娠前の状態と比べて一番肉がついたと感じるのは、腰まわりとお尻でした。

最初の出産後は、1年くらいで元の体重に戻りました。二人とも母乳で育てたのですが、二人目はまだ授乳中（2021年5月現在）で、体重は徐々に減っていきます。二人目以降は体型が戻りにくいと聞きましたが、あまり気にしていません。妊娠中もヨガを続けて体力、筋力、柔軟性を維持するように意識していたので、体の様子を見て運動を再開すれば大丈夫だろうとおおらかに考えています。

早く体重を戻すために、食事量を控えてダイエットしようとは思いません。授乳中は、いい母乳を出すために栄養バランスのとれた食生活を送るのが、ママの仕事です。特に、産褥期間は体力の回復に努めたい時期なので、無理な食事制限はおすすめできません。急いでダイエットモードにならなくても、授乳するうちに自然と体重は落ちてくるものです。授乳すること自体がエネルギーとカロリーを消費するので、食べすぎない限り、体重が増えることはないはずです。それを踏まえると、授乳期間が、楽に体重を戻すタイミングだとも言えます。授乳期間が1年としたら、体重も1年後までに戻す。それ以降は授乳しなくなった分のカロリーがかさんでいくため、食事制限や運動をしないと、自然には戻りにくくなると考えられます。

体力回復が第一優先！

産後はまず産褥《さんじょく》体操を

産後6週間～8週間は産褥期間といい、できるだけ安静に過ごしてお産の疲れを癒やし、体力の回復に努めたい時期です。ただ、まったく体を動かさないのも回復が遅れるため、医師や助産師から「産褥体操」という軽い運動をすすめられます。寝たまま、あるいは座ったままできる腹式呼吸や胸式呼吸、簡単なストレッチなどで、産後24時間後からOKというのが一般的です。※医師に確認しましょう

私が一人目を産んだ病院では、病室の壁に産褥体操の紙が貼ってあり、それを見て実践しました。本書の中では、呼吸法とウォームアップ（26ページ）を産褥体操として行うのがおすすめです。

産褥体操はあくまでも体力回復が目的で、体型を元に戻すエクササイズではありません。具体的にはこのような効果があります。

1 悪露の排泄を促す
2 膨らんだ子宮の収縮を促す
3 腹直筋と骨盤底筋をはじめ、妊娠とお産で伸びた筋肉や皮膚、関節の回復を促す
4 血流やリンパの流れを促進して、むくみを解消し、母乳の出を促す
5 便秘と腰痛の予防と解消
6 ストレスを発散して、心身のリラクゼーションを促す

特に産後3週間は、開脚で股関節を思い切り広げる動きはNGです。会陰を縫っていると痛くて広げられないはずですが、ほかに痛むところがあれば、決して無理はしないでください。体調や気分がすぐれない日はしっかりお休みしましょう。無理のない回数で行い、徐々に増やしていくのがおすすめです。産褥期間が終わったら、産後のヨガを始めてみましょう。

骨盤ベルトは「位置」に注意！

産後のヨガでは、開いて緩んだ骨盤まわりを締める方向で動かします。骨盤の状態は6カ月以内に戻すのが理想で、それ以上経つと戻りにくくなります。骨盤が緩んだ状態ではお尻が広がり、ポッコリお腹になりがちです。いわゆる産後太りにつながって、のちのち尿もれの原因にも。

産後は、骨盤ベルトなどを使って骨盤を締めるケアが一般的ですが、巻く位置に要注意です。ウエストラインで巻くと内臓が下垂しやすく、骨盤を下から支える骨盤底筋の負担が大きくなります。それでは逆効果なので、必ず骨盤を覆うようにして巻きましょう。ウエストまわりは、むしろゆったりした状態になりますが、きちんと骨盤を締めることができます。初めて巻くときは、必ず購入商品の説明書を参考にしてください。

がんばりすぎは禁物

周りに頼ろう

産後のつらい睡眠不足

静かだった妊娠中から一変、産後は子育てが始まってモーレツに慌ただしくなります。子育てに待ったなしで、授乳もおむつ替えもスルーはできず、何がなんでもやるしかありません。お産の疲れが抜けないうえ、新たな疲れが蓄積される……残念ながらそれが普通です。体力には自信がある私ですが、それでもつらいもの。

一番つらいのは睡眠不足です。一人目の娘のときは頻回授乳で、夜中でも1時間おきに起きて授乳していました。娘は一度にたくさん飲めないから、ちょっと飲むとすぐ寝て、1時間足らずでお腹が空いてまた泣いて授乳する、という繰り返しでした。とはいえかわいくて仕方ないので、頻回授乳で夜眠れなくても「この子のためなら!」と苦になりませんでしたが、そんな状態が結構長く続いたんです。離乳食が始まると授乳の回数が減ると言われますが、なぜかまったく減らず……。卒乳を二度ほど試みて失敗し、結局、夜眠ってくれるようになるまでに1年以上かかりました。

授乳しても、おむつを替えても何をしても泣きやまないときは、夫が抱っこして、外に散歩しにいってくれました。私が少しでも休む時間をもてるようにと、夜中でもそうしてくれました。日中に娘と一緒に昼寝をして、睡眠時間をカバーするようにしていましたが、彼の気遣いに本当に助けられました。

ママ一人で頑張らない

一人目の産後の入院期間で、後悔していることが一つあります。入院は5日間で、その間はいつでも助産師さんに赤ちゃんを預けることができました。私はなるべく自分で授乳したいのもあり、自分でなんとかしようと気負ってしまい、できるだけ預けませんでした。ほかのママが気軽に預けているのを横目で見ながら……。

あとになって、「あのときうまく周りに頼って、その間に寝ておけばよかった」とすごく後悔しました。もちろんそれでその後の睡眠不足がなくなるわけではありません。でもあれが、本格的な育児が始まる前にぐっすり寝られる最後のチャンスだったのかも、と思わずにはいられませんでした。それほど、その後睡眠不足が続いてつらかったのです。二人目のときは、できるだけ預かってもらうようにしました。

初めての場合は特に頑張りすぎてしまうものですが、周りの助けを借りて、自分の疲れを癒やすことも大切です。育児ストレスを溜めずに、心身のバランスを崩さないようにしてくださいね。ママという立場になって、ついつい責任感に燃えてしまいがちですが、大変なときは遠慮せずに助けてもらいましょう。夫があまり協力的じゃない、なんて思っても、頼むと案外やってくれるかもしれません。

ほどほどの適当さも大切です。

連携プレーで楽しもう

パパデビューと ひとり時間の作り方

パパはママより十月十日遅くデビュー

コロナ禍で在宅ワークが増え、男性の家事参加に加えて、育児参加も進むことが予想されます。女性にとっては嬉しい限りですが、忘れちゃいけないのはパパと赤ちゃんとのつながりは、ママより遅くスタートするということ。妊娠中にお腹に手を当ててどんなに話しかけても、自分のお腹で育てるママの感覚とは大きな差があります。その差もあって、つい「夫に頼むなら自分でやったほうが早い」と思ってしまうもの。私自身もそうで、せっかく気遣って「何か手伝うことはない？」と言ってくれても「今は放っておいてください」と思ってしまったり（苦笑）。あとになって、悪いことをしたな、と反省することもしょっちゅうです。

うちの場合は、一人目が生まれた時点で、夫が会社を辞めて在宅ワーカーになっていました。おかげでおむつ替えやミルク、お風呂など、すべて手伝ってくれ、二人目の今は長女の世話もよくしてくれます。授乳以外は二人で分担してやっているので、いわゆるワンオペ育児の大変さは感じません。

子どもができてから、夫はよく「会社員じゃなくてよかった」と言っています。「会社員だったら、平日に子どもと遊べるのは夜しかなくて、残業があったら、寝顔を見るだけになるから」と。そんなふうに育児を楽しむ姿を見るたび、余裕をなくした自分に気づき「そうだ、私も楽しもう」と思います。

授乳後2時間がチャンス

蓄積疲労との闘いとなる産褥期間中は「少しでもいいから寝たい」というのが本音でしょう。その期間を過ぎて体が元に戻ってくると「何かでリフレッシュしたい」という気持ちの余裕も戻ってきます。基本的には運動ＯＫの状態に戻るので、私の場合は授乳後に、夫に子供を預けて1時間ほどジムでランニングをします。週に1、2回ですが、妊娠中からの念願のランニングなので、すっきり満たされた気分になります。産後はずっと赤ちゃんと一緒ですが、1時間でも一人の時間をもてると、心底リフレッシュできます。

一般的には、授乳直後の2時間程度なら赤ちゃんは比較的静かでいてくれます。その2時間を利用して、動画の撮影もしています。B-lifeを始めたのは、一人目の娘の産褥期間を終えてしばらくしてからで、動画を撮り溜める必要がありました。娘を寝かしつけながら撮影の準備をして「よし、寝た！」となったらすぐに撮影開始。3、4本撮ると娘が起き出すので、撮影終了。タイミングを見計らうのが本当に大変で、なかなか寝てくれないときは、夫に娘と散歩に出てもらい、一人で撮影しました。娘が保育園に行くようになってからは、撮影はかなり楽に。とはいえ、息子が産まれたのでまたしばらくの間は、寝るタイミングを見計らっての撮影になりそうです。

回復のための産後ヨガ

◀動画はここから！

【全身の疲労回復】
産後の症状改善、肩こり・骨盤調整に効果的！
#478／16分

産後のヨガは104ページでも書いた通り、ヨガ経験の有無に関係なく、産後6〜8週間の産褥期間が過ぎてから行ってください。私も産褥期間後に始めました。

産後のヨガでは、授乳やおんぶなどでこりやすい肩や首、腕、腰をほぐしながら、体を全体的に動かしてリフレッシュしていきます。骨盤まわりは、開いて緩んだ状態を締めていきます。また、産前と違って産後は何かと慌ただしくなります。できるだけウォームアップ（26〜39ページ）から初めてほしいですが、次のページのキャット&カウから始めてもOK。四つ這いで背中を丸めたり伸ばしたりするキャット&カウは、ヨガのクラスで最初に行うことが多く、ウォームアップの代わりになります。

次の逆手の猫の伸びのポーズでは、その名の通り、猫が伸びをするような体勢になって腕を伸ばします。3つ目のドルフィンのポーズ以降は、下向きになってお尻を高く上げる、脚を交差して座って腕を背中側に回す、あお向けになってお尻を上げる、というように次々に体勢を変えていき、全身の血流とリンパの流れをアップさせます。最後の魚のポーズはあお向けで脚を伸ばし、頭頂部を床につけます。頭の血流がよくなってスッキリするので、睡眠の質を上げる効果も期待できます。授乳中は十分な睡眠時間をとれない代わりに、質を上げて効率を高めましょう。

心身の健康を保つためにも、こまめなセルフケアがとても大切です。

体の中から蘇る

キャット&カウ

- 腰痛の予防、改善
- 内臓機能を高め便秘解消
- 自律神経を整える
- 骨盤調整

START

1　四つ這いになって、つま先を立てる。

2　息を吸いながら、胸を前に押し出すように広げて、目線を斜め上に上げる。

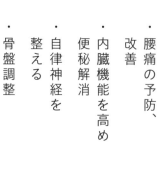

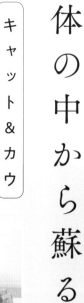

3 吐きながら、背中を丸めて高く上げ、目線をおへそのほうに向ける。再び 2 に戻って、3 ～ 5 回繰り返す。

腕や背中のだるさが消える

逆手の猫の伸びのポーズ

・腕、肩、首のコリの解消
・腱鞘炎の予防
・リフレッシュ効果
・腕の疲労回復

1 四つ這いになってつま先を立て、手の指先を自分のほうに向けて逆手にする。

2　息を吐きながらお尻を後ろに引いて目線を下げ、腕の内側を伸ばす。手のひらが床から離れないようにしつつ、3～5呼吸キープする。

お尻を後ろに引く
伸びを感じて
床から手が
離れないように注意

血流改善で疲れとさよなら

ドルフィンのポーズ

・全身の血行促進
・冷え、むくみの改善
・疲労回復、猫背改善
・肩コリ解消

1　四つ這いになってつま先を立て、ひじを床につけて手を組む。

NG

体重が腕にかかりすぎないように、しっかりお尻を上げて背すじを伸ばすこと

2　息を吸いながらお尻を斜め後ろに突き上げて、背すじを伸ばす。吐きながらかかとをできるだけ床に近づけて、3～5呼吸キープする。

ゆるんだ骨盤を
ぎゅっと引き締め

牛の顔のポーズ

・骨盤を引き締める
・腕、肩、首のコリの解消
・尿漏れの予防・改善
・腰痛の緩和

START

1

四つ這いになり、右ひざを左のひざの左横につく。

2 ゆっくりとお尻を後ろへ下ろして座り、背すじを伸ばす。

伸びを感じて

3

右ひじを頭の後ろに上げ、左手で右ひじを軽く引く。

ひざを重ねると
お尻が浮いてしまう方は、
重ねずにすねをクロスして座る。

« easy

指先がかからなくても、
できるだけ近づければOK

4　左腕を下から背中側に回して、左右の指先をかける。3～5呼吸キープする。

back

5　4の体勢のまま、上半身を前に倒す。

6　手を床につき、力を抜く。3～5呼吸後、反対側も同様に行う。

お尻のたるみが消える

かかとをつけた橋のポーズ

・太もも、お尻のシェイプアップ
・骨盤を引き締める
・腰痛の予防、緩和
・骨盤底筋の強化

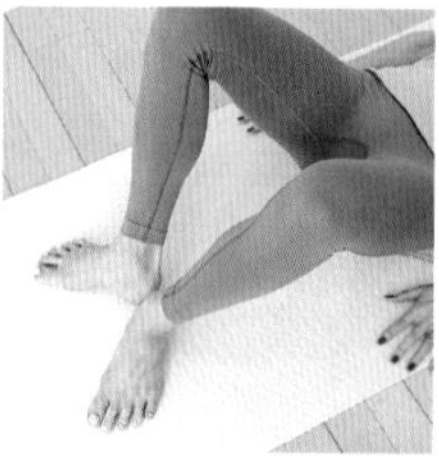

1

あお向けになってひざを立て、左右のかかとをつける。手は、手のひらを下にして体側に置く。

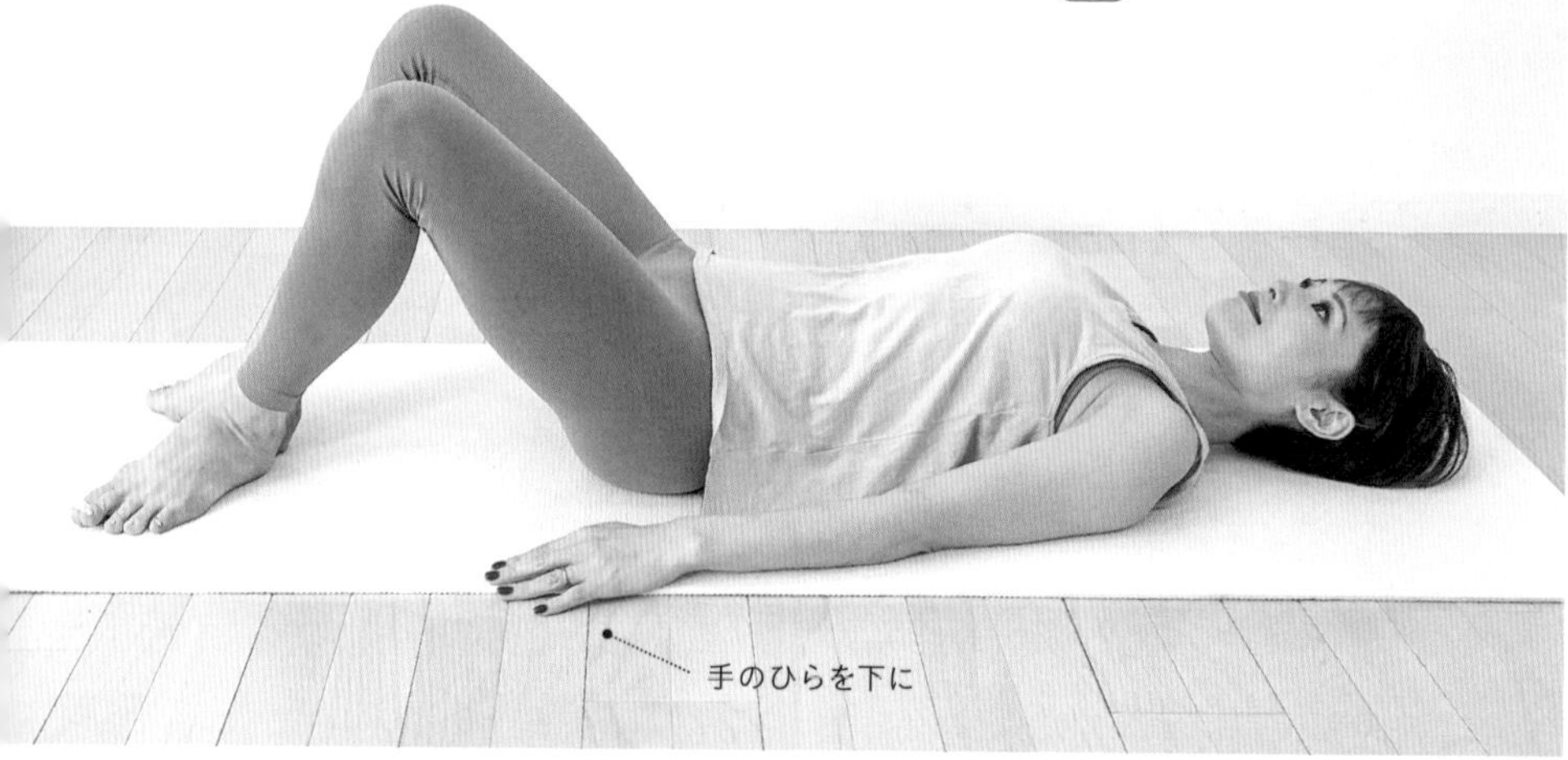

2　息を吸いながらお尻を上げて、
3～5呼吸キープする。

つなぎのポーズ

ガス抜きのポーズ

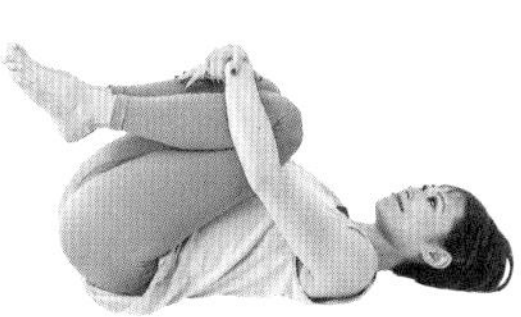

あお向けで、ひざを胸の前に抱えた状態で脱力する。

頭のもやもやがすっきり

魚のポーズ

・肩、首、眼の疲労回復
・睡眠の質がアップ
・リフレッシュ効果
・美肌効果

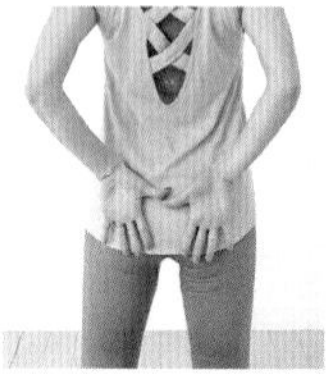

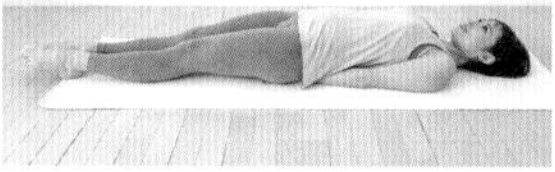

1　あお向けで両脚を揃えて、つま先までまっすぐ伸ばす。手を下向きにして、お尻の下に入れる。

2　息を吸いながら前腕とひじで床を押して胸を天井に突き上げ、頭頂部を床につけて首の前側を伸ばす。3～5呼吸キープする。

胸を突き上げる
伸びを感じて
つま先まで伸ばす
目線は後ろへ
前腕とひじで床を押す

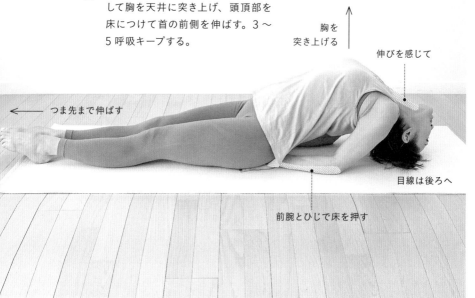

3　ゆっくりと元に戻って、手をお尻の下から出す。手を後頭部で組み、頭を持ち上げて首の後ろ側を伸ばし、1〜2呼吸キープする。

パートナーとするマタニティヨガ

パートナーヨガをご存じでしょうか？　その名前から、カップル2人でするヨガを連想しそうですが、友人や親子、さらには3人、4人、レッスンなどに集まった数十人で一つのポーズをとることも、すべてパートナーヨガです。組体操に近い感覚で、体の一体感を感じながら、心の絆を深めることができます。

ここではパートナーヨガのマタニティバージョンを3つご紹介します。夫のTOMOYAも、ヨガのティーチャーカリキュラムの一つとしてパートナーヨガを習得しているので、二人で意見を出し合い考えてみました。お互いの柔軟性が違うので、彼が伸びても私は全然、なんてこともあり、考える段階から自然と会話が増えました。一人でのヨガと違い、そうしたコミュニケーションを楽しめるのもパートナーヨガの魅力です。

妊婦を悩ます脚のむくみを取るマッサージも紹介します。妊娠中はマッサージ店の利用ができないので、パートナーの方はぜひ試してあげてください。

互いに心地よく伸びる

背中合わせで腕伸ばし

女性の効果
・背中の張りや肩コリの解消
・猫背の解消
・浅い呼吸の改善

男性の効果
・もも裏やふくらはぎのストレッチ

２人で背中合わせで座る。男性は脚を伸ばしてつま先を立て、女性はあぐらをかいて、両手を頭上に伸ばす。男性が女性の手首を持って、斜め上に引っ張る。

背中全体がすっきり

背中合わせで胸ひねり

・首と背骨のストレッチ
・姿勢改善
・デトックス効果
・自律神経を整える

2　上半身を右にひねって、右手は相手の左ももの上に、左手は自分の右ももの上に置く。女性は、お腹の赤ちゃんは正面に向けたまま、胸からひねること。反対側も同様に行う。

START

1　2人で背中合わせに座り、あぐらをかく。手はひざの上に置く。

脚と腰の悩みが消える

パートナーとV字開脚

・もも裏とふくらはぎのストレッチ
・脚のむくみ解消
・腰痛の予防、解消

1　2人とも開脚して座り、足裏を合わせる。腕を前に伸ばして手をつなぎ、背すじを伸ばす。

2　男性が女性の手を引いて、女性が前屈する。反対も同様に、女性が男性の手を引いて、男性が前屈する。

脚のむくみとさよなら

妊婦のための脚マッサージ

・脚の血流とリンパの流れの改善
・むくみ解消
・疲労回復

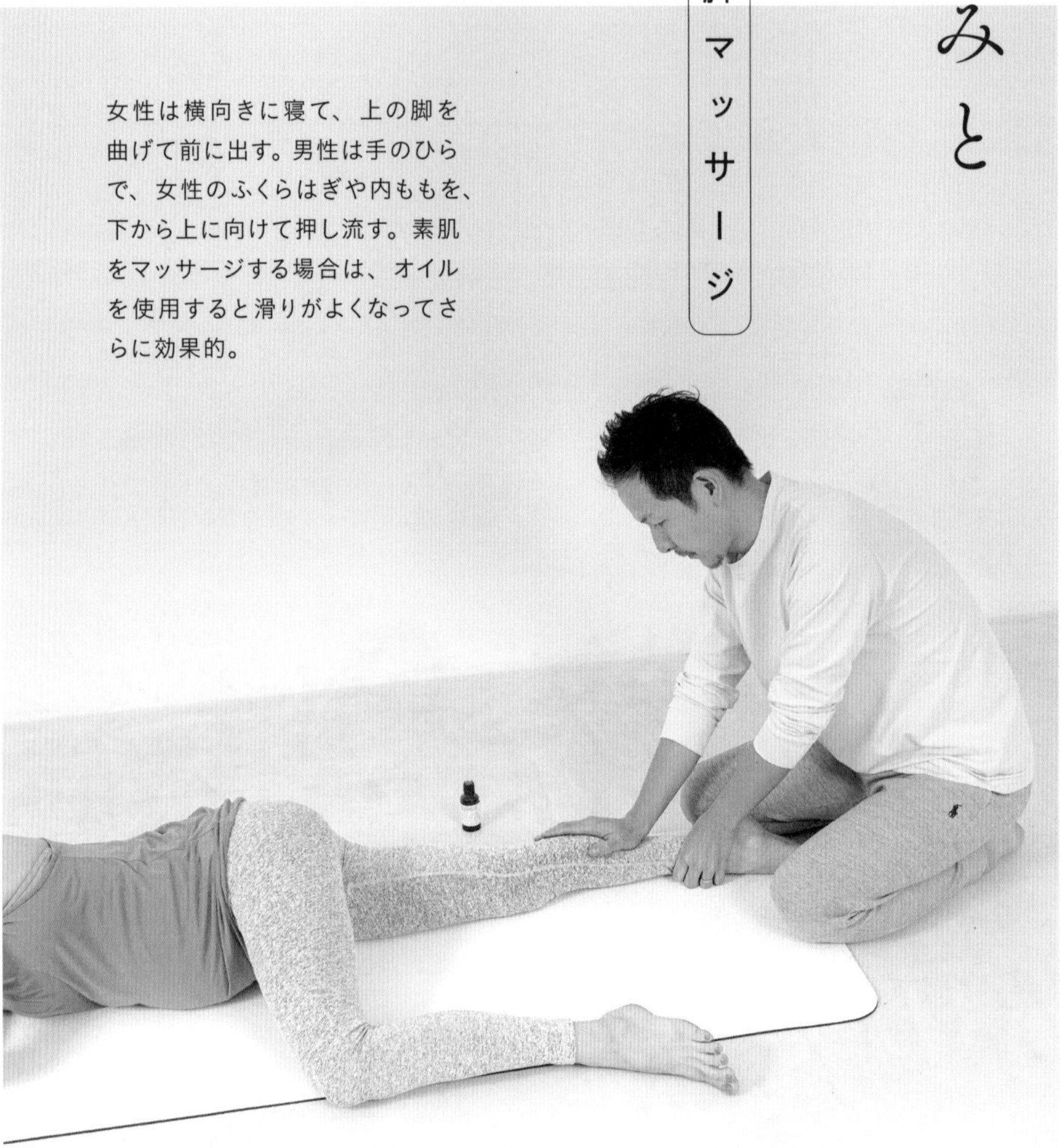

女性は横向きに寝て、上の脚を曲げて前に出す。男性は手のひらで、女性のふくらはぎや内ももを、下から上に向けて押し流す。素肌をマッサージする場合は、オイルを使用すると滑りがよくなってさらに効果的。

TOMOYA&MARIKO'S

Q&A

Q1
在宅ワーク時代のパートナーシップの秘訣は？

TOMOYA　僕たちが結婚して、丸6年。結婚して1カ月ぐらいで僕はサラリーマンを辞めました。その翌年に一人目の娘が産まれて、その頃にB-lifeも始めました。それ以来二人ともずっと在宅ワーカーです。コロナ禍以降、夫婦で一緒にいる時間が増えてケンカも増えた、という人たちもいるかもしれません。いい関係を保つには、やはり思っていることをちゃんと口にし合って、微調整を重ねていくことが大事だと思います。

結婚して年数が経つほど「これは言わなくてもわかってくれるはず」と思いがちですが、口にしないとわからないことって意外と多いんですよね。思いもよらないことで相手が傷ついたり、怒ったりするときもありますから。在宅ワークが当たり前で働き方が変わった今、夫婦の在り方も変わっていくときなのかもしれません。「こうしたら絶対ケンカしない、これさえしてればうまくいく」なんて「正解」はないので、問題が起きたらその都度お互いに歩み寄って、二人の最適解を見つけていくしかないと思います。

MARIKO　ご夫婦のどちらか、あるいは二人とも在宅ワークになったら、家事や家計管理などの分担を見直したほうがいいと思います。例えば、妻が料理担当の場合、それまで朝夜の2食だった自炊が、在宅だと昼も含めて3回になります。専業主婦の方だって、毎日3食は大変です。その場合、昼は夫が作るとか、テイクアウトを取り入れるのもいいかと。分担方法は、数を平等にするのか、得意・不得意で分けるのかなど、これもちゃんと話し合って、お互いにとって一番ストレスがない方法で決めるのがよさそうです。

家で過ごす時間が増えて、相手のやり方を今まで以上に目にする機会が増えると「自分ならそんなやり方はしない」なんて思う機会も増えます。それでケンカにならないように、ぜひ分担の見直しを。

Q2

家のことはどうやって役割分担してる？

TOMOYA　僕たちは、得意分野で分けています。MARIKOはじっとしているより動いてるほうが好きだから、料理・洗濯・掃除の家事を全般的に。僕は頭脳労働のほうが得意だから、家計管理や役所の手続きなどの書類関係を担当しています。育児はそのつど手分けして、二人で一緒にやっています。

もしもお互いにどうしても不得意な家事があったり、忙しくて手が回らないときは、家事代行サービスなどでアウトソーシングするのがいいと思います。今は、1時間から数千円で頼めるところも増えています。お互いのストレスになるより、少しお金がかかっても笑顔でいられるほうが絶対にいいですよね。

あと大事だと思うのは、相手から相談されない限りは、お互いのやり方に余計な口出しはしないこと。「分担する」イコール「任せる」ことだと割り切っています。

Q3 相手に対して不満に感じることは？

MARIKO　世間一般に、子育てに追われるママの不満は「パパがあまり手伝ってくれないこと」だと思いますが、うちは逆でして。TOMOYAさんは一人目の妊娠中から、色々と手伝ってくれようとするんですね。本当にありがたいのですが「こうでいい？　これで大丈夫？」と聞かれると「自分でやったほうが早いかも」なんて思っちゃうことも。私は自分でできることはなんでも自分でやりたいタイプで、自己完結型なんです。仮にやってほしいことがあっても、彼が仕事中だったりすると「自分でやってしまおう」となりますし。どうやってお願いすればいいか考えるのも面倒臭くて（笑）。TOMOYAさんによく、男前な性格だと言われます（苦笑）。

TOMOYA　例えば妊娠中の外出で、「お腹が大きくなってきたから車にしようか？」と聞いても、「大丈夫、自転車で行けるから」と突っぱねるように返されると「心配して聞いてるのに」と少しがっかりしたことも。でも彼女がそう言うときは、本当に大丈夫なときなので、お願いされるまであれこれしないようにしています。とはいえ、今は授乳中で大変そうにしていることが多いので、ついつい、何かしたくなるんですが……。そのつど、「とりあえず頼まれるまでは見守ろう」と思っています。MARIKOとは逆に、何かとかまってもらうほうがいい人もいますよね。だから、手伝い方も相手のタイプを見極めることが大事なんだろうなと。

Q4 ケンカしたときの仲直り法は？

TOMOYA　時間と距離を置くようにしています。険悪なムードになったら、どちらかが散歩や買い物に行ったり、お風呂に入ったり、先に寝たり。以前、僕は険悪になっても向き合って、解決しようとしていました。でも、お互いに冷静じゃない状態だから聞く耳を持てなくて、伝えたいことも伝わらないとわかったんです。時間と距離を少し置くと、お互い冷静な状態でまた話せるので、仲直りしやすいんですよね。一晩寝て忘れるようなことはそのままにしますが、何か少しでも引っかかることが残っていたら「昨日の件だけどさ」という感じで切り出して、とにかく話し合うようにしています。この話し合いをしないと、また同じことを繰り返してしまいますから。

Q5

夫婦で同じ仕事をしていてよかったことは？

MARIKO　いい動画ができたときの達成感や、本の嬉しい反響をいただいたときの喜びを分かち合えることです。どんなプロジェクトも、完成までには必ずすったもんだするもので「頑張った甲斐があったね」とお互いを称え合うと、信頼関係も深まる気がします。

TOMOYA　LIVE配信をしたときの達成感と喜びは格別です。配信するたび、何千人もの人が集まってくれて、その人たちと二人で一緒に向き合うと、お互いが見ているものや目指すものが同じだなとわかるんです。すっきりと爽快な気分になります。

Q6

子育てで大事にしていることは？

TOMOYA　基本的な躾はきちんとした上で、子どもの自主性を尊重しています。5歳になる娘は、こだわりが強いタイプなんですね（僕似です）。そのこだわりは消さずに、大事に育ててあげたいと思っています。去年あたりから「今日はこの服を着たい」と言うようになったので、服は自分で選ばせています。お気に入りの服を毎日着たがるのでワンパターンになりますが、それでもいいと思っています。一時は、ミニーちゃんの服ばかり着てました（笑）。

Q7

習い事は？

MARIKO　娘が4歳になったときからバレエを始めました。バレエは私自身が小さいころからやっていたので、習わせたいと思ったんで

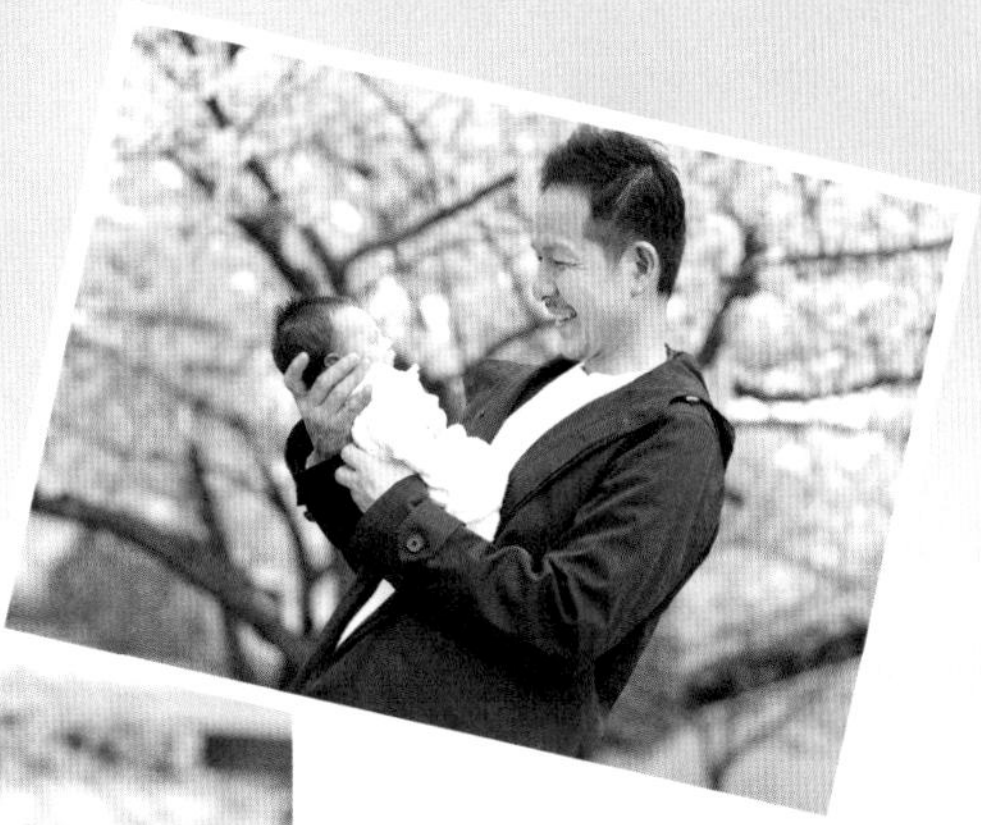

す。もちろん、やってみて嫌だと本人が言えばやめさせようと思っていました。好きなことはどんどんやらせて、合わないことは無理に続ける必要はないと考えています。今のところ楽しく続けています。5歳になってからピアノも習い始めました。娘自身が「やりたい」と言ったのがきっかけです。近所のピアノ教室の前を通るたび「やりたい、やりたい」と言うように。先生のことも大好きで、いつもウキウキしながら通っています。

TOMOYA　せっかく好きなことだから、やる気が続くためのサポートを心がけています。まず、教室選びには、すごく注意しました。というのも、娘はプリンセスが大好きなので、先生もプリンセスみたいな可愛いらしい雰囲気の人なら楽しく続けられると思ったからです。その狙いは的中して、娘のモチベーションに「大好きなプリンセスに会いに行く」が加わってやる気は倍増！　週1のレッスンは、娘にとっては一大イベントで、めちゃくちゃおしゃれして行くんです。保育園に着ていった服をわざわざ着替えて、おもちゃのティアラやネックレスをつけたりしています。そうやって楽しむことが、続けるコツだと思います。

Q8 今年生まれた息子さんはどう育てたい？

MARIKO　娘と同じように、息子にも好きなことをさせてあげたいです。男だからこうしてほしい、ということはありません。スポーツは何かしらやってみてほしい、くらいでしょうか。本人がしたい競技なら、なんでも構いません。

TOMOYA　僕もMARIKOと同意見です。ただ、やっぱりヨガはやってほしいと思っています。ヨガで身につく柔軟性は、どんなスポーツにも役立つので。娘も、僕たちのヨガを見様見真似でやっているので、いずれ息子も真似るでしょう。娘はヨガをしているという意識はなくて、単に面白がっているだけだと思いますが、それでいいんです。面白がってやるものほど身について、大人になっても忘れなかったりしますから。

産前・産後別　2週間カレンダーの使い方

「マタニティヨガを習慣にしたい」「どんな形で継続すればいいかわらかない」という方に向けて、産前・産後それぞれにぴったりの2週間プログラムを組みました。この本の6つの動画と、既存のYouTube動画を組み合わせています。産前産後の体調は十人十色。この通りに行わなくても、途中でやめてもOKです。自分の体や心と向き合って、オリジナルプログラムに変えてみるのもおすすめです。

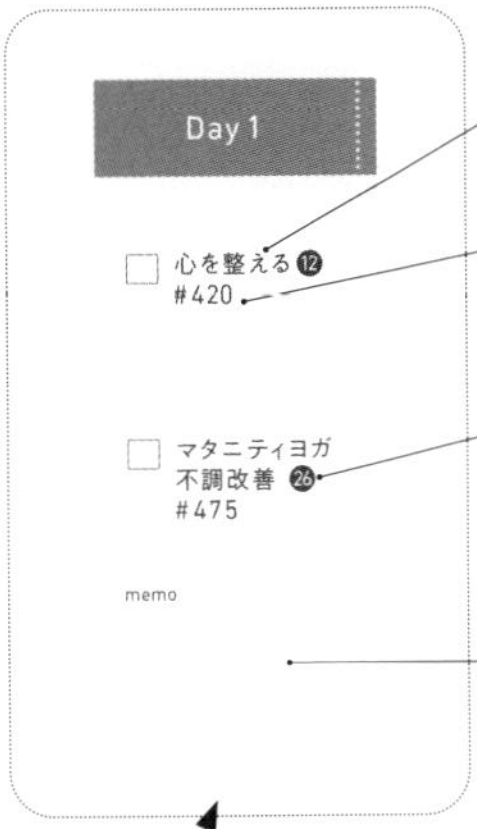

動画タイトル

すべてYouTubeの動画と連携！

動画番号

B-lifeのYouTubeで「#番号」を検索すると動画にとべる

動画の再生時間

時間がない場合はここを目安にできるものを選んで
調整しよう

メモスペース

その日の体調、本の内容で実践したこと、
他に実践したプログラムなどを書き込もう

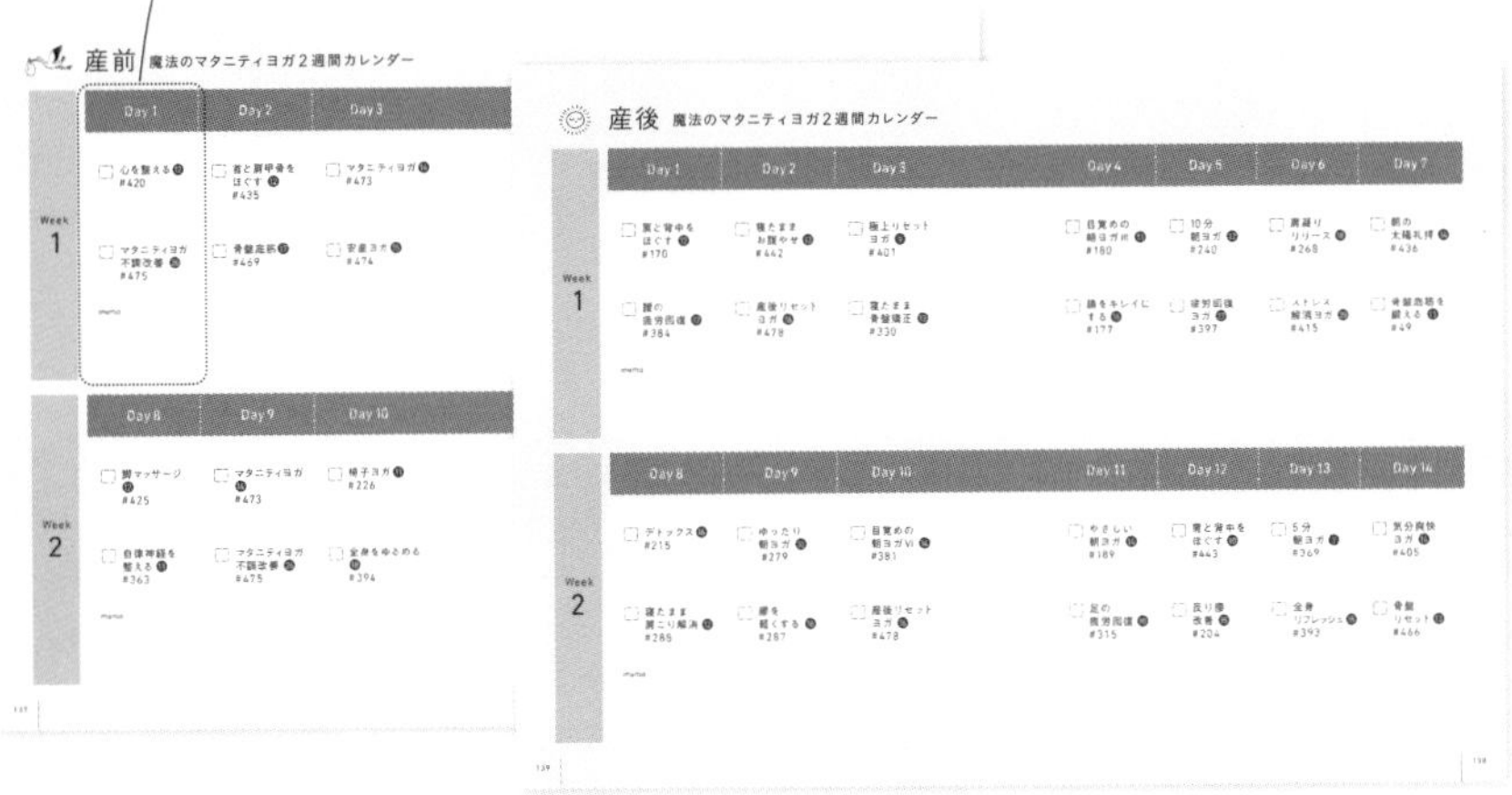

← 動画にとべるPDFデータ

こちらのQRコードからカレンダーのPDFデータをダウンロード！
動画タイトルをタップすれば動画が映ります。
モチベーションアップのために、印刷して壁に貼るのもオススメです。

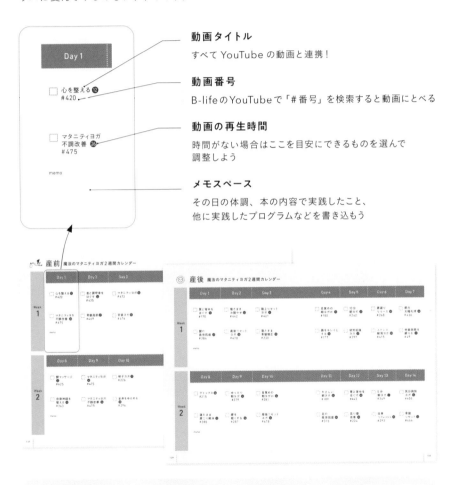

Day 4	Day 5	Day 6	Day 7
□ 朝のヨガ（特別編）⓮ #247	□ 肩こりをほぐす ⓮ #460	□ 小顔ヨガ ⓫ #430	□ やさしいヨガ ⓭ #440
□ サンセット疲労回復 ⓬ #406	□ 安産力を高める ㉑ #477	□ 心身を整えるマタニティヨガ ㉗ #476	□ 月礼拝 ⓯ #448

Day 11	Day 12	Day 13	Day 14
□ 安産ヨガ ⓯ #474	□ 目覚めの朝ヨガⅣ ⓰ #224	□ 肩甲骨をほぐす ⓬ #408	□ 首コリをほぐす ⓭ #341
□ 骨盤矯正 ⓰ #212	□ 安産力を高める ㉑ #477	□ 脚やせセルフケア ㉑ #389	□ 心身を整えるマタニティヨガ ㉗ #476

産前 魔法のマタニティヨガ２週間カレンダー

Week 1

Day 1	Day 2	Day 3
□ 心を整える ⑫ #420	□ 首と肩甲骨をほぐす ⑫ #435	□ マタニティヨガ ⑭ #473
□ マタニティヨガ不調改善 ㉖ #475	□ 骨盤底筋 ⑰ #469	□ 安産ヨガ ⑮ #474

memo

Week 2

Day 8	Day 9	Day 10
□ 脚マッサージ ⑫ #425	□ マタニティヨガ ⑭ #473	□ 椅子ヨガ ⑪ #226
□ 自律神経を整える ⑪ #363	□ マタニティヨガ不調改善 ㉖ #475	□ 全身をゆるめる ⑱ #394

memo

Day 4	Day 5	Day 6	Day 7
☐ 目覚めの 朝ヨガIII ⓫ #180	☐ 10分 朝ヨガ ⓬ #240	☐ 肩凝り リリース ⓲ #268	☐ 朝の 太陽礼拝 ⓮ #436
☐ 腸をキレイに する ⓰ #177	☐ 疲労回復 ヨガ ⓱ #397	☐ ストレス 解消ヨガ ㉕ #415	☐ 骨盤底筋を 鍛える ⓫ #49

Day 11	Day 12	Day 13	Day 14
☐ やさしい 朝ヨガ ⓮ #189	☐ 肩と背中を ほぐす ❿ #443	☐ 5分 朝ヨガ ❼ #369	☐ 気分爽快 ヨガ ⓮ #405
☐ 足の 疲労回復 ❿ #315	☐ 反り腰 改善 ⓯ #204	☐ 全身 リフレッシュ ⓯ #393	☐ 骨盤 リセット ⓭ #466

産後　魔法のマタニティヨガ2週間カレンダー

Week 1

Day 1	Day 2	Day 3
□ 肩と背中をほぐす ⑫ #170	□ 寝たままお腹やせ ⑬ #442	□ 極上リセットヨガ ⑨ #401
□ 腰の疲労回復 ⑰ #384	□ 産後リセットヨガ ⑯ #478	□ 寝たまま骨盤矯正 ⑬ #330

memo

Week 2

Day 8	Day 9	Day 10
□ デトックス ⑯ #215	□ ゆったり朝ヨガ ⑩ #279	□ 目覚めの朝ヨガVI ⑭ #381
□ 寝たまま肩こり解消 ⑫ #288	□ 腰を軽くする ⑯ #287	□ 産後リセットヨガ ⑯ #478

memo

おわりに

数ある中からこの本を手にとっていただき、本当にありがとうございます。

この本は、別の書籍企画を考えていた途中に私が二人目を妊娠したことで、マタニティヨガの本に路線変更をしてできました。

本の構成を考えたのは、安定期の中期以降。「どんなプログラムにしようかな」と考えていると、お腹の中の赤ちゃんがビクッと反応して、モゾモゾ、ぐるぐると動き出しました。お腹の中の赤ちゃんはママの感情を感じとることができると言われますが、まさにその通り。一緒に内容を考えてくれている気がして嬉しく、心強く感じました。

命の誕生は、そのすべてが奇跡的で、神秘的です。そして、この世に生まれてきた命は、すべて唯一無二の存在です。外見や性格、思考、違うのが当たり前。自分で好きなところもあれば、嫌いなところ、直したいけど直らないところもあって当たり前。それが個性というものだと思います。

でも、自分のネガティブな面ばかり見ていると、自己否定が加速して自己嫌悪に陥ります。何かと不安になりやすい妊娠中は、ちょっとしたことでそうなりやすいものです。育児中も、我が子と他の子と成長を比べたりして、自己を責めがちです。もしそうなってしまったら、自分自身がこの世に生まれてきたときの「原点」に戻ってみてください。

この世に生まれた赤ちゃんは、いるだけで周りに幸せを与えます。生きてるだけでいいんです。ママのおっぱいをいっぱい飲んで、よく寝て、うんちしたら褒められて、とてもシンプルです。それが成長するにつれてできることが増え、求められることも増えていきます。うまくできないことがあると落ち込んで、自分を責めてしまいがちですが、私たち大人だって、生きてるだけでいいんです！

特にママやパパになると、子どものために無理して頑張りたくなるものですが、1日24時間、1年365日、そうするのが当たり前だと思わないでください。ときには、強張った心の力を抜きましょう。難しいことを考えないで、周りのことも気にせず、あるがままの感情に寄り添って。そうすると、自然と五感が研ぎ澄まされて、本当に自分が求めるものが見えてきて、結果的にうまくいく、ということも少なくありません。

最近、頑張りすぎている自分はいませんか？
心のゆとり、スペースは保てていますか？
体は硬くなっていませんか？
イライラしたり、鬱々としてるときが多くないですか？

ついつい頑張りすぎて疲れてしまう自分を、ホッと緩める時間を作ってあげてください。ストレスや不安、緊張は、知らず知らずのうちに溜まっていきます。真面目な頑張り屋さんほど溜まりやすいので、ほどほどのテキトーさを心掛けることをおすすめします。

ほどほどのテキトーさを保てる人ほど、心と体のバランスをとりやすく、健康を維持しやすいと思います。

悩みすぎず、こうして生きてるだけでよし、と自分に言える愛し方ができるように。

「今」にフォーカスするヨガが、必ずその力になるはずです。

MARIKO

著者紹介

B-life／Mariko（マリコ）

千葉県出身。B-life インストラクター。2015年9月第一子、2021年3月第二子出産。9歳から本格的にクラシックバレエを始める。バレエを続けながら、中高時代は新体操部にも所属。短大時代は昼に学校に通い、夜は東京バレエ団の付属学校へ。短大卒業後、NBAバレエ団に入団し、日本バレエ協会など数々の舞台に出演。バレエ団退団後、バレエ講師を務めながら、ヨガ・フィットネスの様々な資格を取得し、インストラクターとして活動する。現在に至るまで延べ数千名以上の指導に努める。B-lifeでは、これまでの経験を活かし、ヨガ・フィットネス・バレエ・バレトンなど、完全オリジナルのプログラムを提供し、多くの視聴者から支持を得る。

B-life／Tomoya（トモヤ）

岐阜県出身。B-life 経営。2001年、米国公認会計士を取得し、就職氷河期にITベンチャーに就職するも、2年で倒産寸前まで追い込まれる。2004年、再起を目指して単身カナダへ留学し、グローバルビジネスと英語を学ぶ。また、ここで初めてヨガと出会ったのがきっかけで、ヨガの練習に取り組み始める。帰国後、エルメスやディズニーといった外資系企業で10年間働いたのち、独立。インストラクターである妻のMarikoとともにYouTube チャンネル「B-life」を立ち上げる。瞬く間に登録者約120万人、再生回数2億5000万回となり、日本の女性向けヨガ、フィットネスチャンネルで圧倒的人気を誇る。B-lifeでは、経営、撮影、編集、企画まで何でもこなすマルチクリエイター。

[Web] https://www.blifetokyo.com/
[YouTube] www.youtube.com/c/BlifeTokyo
[Instagram] [Twitter] [facebook] @blifetokyo

産前・産後の不調がみるみる整う

魔法のマタニティヨガ

発行日　2021年5月30日 初版第1刷発行

著者 ／ B-life

発行者 ／ 竹間 勉

発行 ／ 株式会社世界文化ブックス

発行・発売 ／ 株式会社世界文化社

〒102-8195 東京都千代田区九段北 4-2-29

電話 03（3262）5118（編集部）

電話 03（3262）5115（販売部）

印刷・製本 ／ 株式会社リーブルテック

文 ／ 茅島奈緒深

デザイン ／ 柿沼みさと

撮影 ／ 千々岩友美

写真協力 ／ B-life p2、10、130、133、134

Adobe Stock p11、19、23、43、45、47、49、65、67、103、
107、109、129～134、その他 イラスト

編集 ／ 杉山亜沙美（株式会社世界文化ブックス）

ISBN978-4-418-21407-5

※この本の売り上げの一部は、新型コロナウィルス感染症の治療、
及び感染拡大防止活動を行っている医療機関に寄付させて頂きます。